Ejercicios espirituales
para peregrinos de esperanza

Colección Pastoral

116

DAVID CABRERA MOLINO, SJ
SARA M.ª GARCÍA TOLMO, SAC

Ejercicios espirituales para peregrinos de esperanza

Imprimatur:
✠ Arturo Ros Murgadas
Obispo de Santander
9-5-2025

Diseño de cubierta:
Félix Cuadrado Basas (*Sinclair*)

Impreso en España. *Printed in Spain*
ISBN: 978-84-293-3259-9
Depósito legal: BI-586-2025

Fotocomposición:
Marín Creación, S. C. – Burgos / www.marincreacion.com

Impresión y encuadernación:
Gráficas Fernan – Bilbao (Vizcaya) / graficasfernan.com

Mantengamos firme la esperanza que profesamos,
porque fiel es el que hizo la promesa.
Hebreos 10,23

Índice

Introducción

Olvido de lo creado,
memoria del Creador,
atención a lo interior,
estarse amando al Amado.
(San Juan de la Cruz)

El papa Francisco convocó en toda la Iglesia universal un Jubileo, entre el 25 de diciembre del 2024 y el 6 de enero del 2026. Se trata de un acontecimiento de gran importancia para la vida de la Iglesia, en su dimensión espiritual, eclesial y social. El pueblo fiel de Dios está llamado a vivir esta celebración como un don especial de gracia, donde la característica primordial es el perdón de los pecados y la expresión plena de la misericordia de Dios. Esta convocatoria anima a todos los fieles a peregrinar, accediendo a la maravillosa experiencia del amor de Dios, atravesando la Puerta Santa. Es una ejemplar muestra de la fe perdurable a través de tantos siglos de historia.

Durante este tiempo, existe una explícita invitación del Santo Padre a vivir este Año Santo en todo su significado pastoral. El contexto mundial de incertidumbre, de crisis y de pérdida de mimbres humanos y sociales, genera profundos cambios en el sentir y vivir la fe. Los cristianos no hemos estado alejados ni exentos del sufrimiento y el padecimiento que muchas sociedades hoy padecen. De ahí, que la convocación sea una llamada a mantener viva y encendida la llama de la esperanza.

Responder a esta llamada de esperanza requiere de nosotros el esfuerzo y la pasión de la conversión interior, que pueda manifestarse en la múltiple forma de vivir. Esto pide de nosotros, antes que nada, acercarnos a través de la oración, a la experiencia del encuentro íntimo con el Señor. Siendo esa *la fuente de nuestra esperanza*. Todo se basa en la relación y el vínculo que podamos fortalecer. Esta dimensión espiritual será de donde pueda manar tanta acción y cuidado hacia la fraternidad y la casa común. Como cristianos, hay una profunda invitación a cuidar la oración. Muchos podrán acercarse a los lugares santos, como peregrinar a la ciudad santa de Roma y vivir una honda experiencia eclesial. Sin embargo, para muchos cristianos será una experiencia espiritual que acrecentar nuestra fe en la gran «sinfonía» de la oración. La llamada a recuperar el deseo de fomentar la presencia de Dios en nuestra vida, de situarnos a su escucha y de adorarlo con pasión. Es este un tiempo de gracia para descubrir una vez más todo lo que Dios hace por nosotros. No es la búsqueda del intimismo; más bien de la solidaridad del pan compartido que nace «*de un solo corazón y una sola alma*» (Hch 4,32).

Esta llamada a la esperanza fue el motivo que nos lanzó a proponer estos Ejercicios ignacianos que ofrecemos aquí como material para la oración. La propuesta de Francisco a la conversión se entronca con mucho sentido en el deseo ignaciano de disponerse a Cristo. Surge en la memoria agradecida aquel Iñigo de Loyola recuperándose en la

Casa Torre del valle del Urola, tras ser herido en Pamplona defendiendo la fortaleza. Era el año 1521. La disposición y el deseo interior sufre una primera conversión tras leer aquellos libros: la vida de Cristo y de la vida de los santos. Todo su ser se verá contagiado por aquellas dinámicas. Cristo comienza a abrirse paso entre aquel caballero guipuzcoano que atisba, como pequeña muestra de esperanza, una vida distinta. Muchos caminos andados por este peregrino darán lugar a los Ejercicios espirituales. No es solo lo que caminó por fuera, sino que internamente Ignacio elaboró todo un proceso de conversión que lo configuro al estilo de Jesús. De ahí que sea reconocido en la tradición como el peregrino interior. Por esto, queremos que a través de esta experiencia el que ejercite su alma pueda realizar su propio peregrinaje interior. Los Ejercicios espirituales no dejan de ser una experiencia para ahondar y profundizar en la misma vida. Estamos invitados a ahondar en nuestra experiencia de Dios como si bajáramos a un profundo pozo con el deseo de tocar de nuevo *la fuente de nuestra esperanza*.

Este libro nace, por tanto, como una herramienta para la oración en torno a la esperanza cristiana. Aunque no solo. Puede ser de gran ayuda para aquellos que deseen vivir unos días de retiro en silencio, para orar en la vida, para avivar la esperanza en grupo, etc. Hay muchas formas de aplicar, este recurso, más allá de este tiempo, momento y lugar. Se trata de una serie de sugerencias para la oración pensadas para cinco días de Ejercicios siguiendo la inspiración del esquema ignaciano. Ya aparece en la anotación 18 del libro de los *Ejercicios*: «según la disposición de las personas que quieran tomar los Ejercicios espirituales, es a saber, según tienen edad, letras o ingenio, se han de aplicar dichos

Ejercicios». El ofrecimiento siempre es ayudar y aprovecharse de ellos. Con lo cual, la oferta queda en un horizonte muy amplio, en el que nosotros nos basamos para poder ofrecer este material. Los Ejercicios ignacianos han marcado a lo largo de los años a muchas personas que han deseado vivir la hondura y la firmeza de esta propuesta de oración. Es más, como ya dijo el P. Adolfo Nicolás, SJ, siendo general de la Compañía, «Toda la pastoral ignaciana, basada en los Ejercicios espirituales, consiste precisamente en ayudar a la gente a cambiar internamente. De aquí, de esta transformación interior del corazón, hace luego el cambio de nuestras manos, nuestros pies, en nuestro servicio, en el trabajo, en el amor hacia los demás». Por lo tanto, con esta propuesta deseamos abrir el corazón de tanto fiel cristiano a través de la oración centrada en la esperanza, para que este sea un tiempo «*para en todo amar y servir a su divina majestad*» (*Ej* 233).

Los Ejercicios están pensados para un mes de retiro. Nuestra propuesta no es tan ambiciosa, es algo más sencilla. Ofrecemos un *modo y orden* para orar, como ya indicamos, adaptados a diversas formas. Los materiales que ofrecemos tienen la finalidad de ser una guía de oración para el ejercitante. El hilo conductor será la esperanza. El papa Francisco ofrecía un tiempo para la vivencia profunda y honda de la «*esperanza que no defrauda*» (Rom 5,5), dinamizando así a toda la Iglesia[1]:

> «Todos esperan. En el corazón de toda persona anida la esperanza como deseo y expectativa del bien, aun ignorando lo que traerá consigo el mañana. Sin embargo,

---

[1]   Bula de convocación del Jubileo ordinario del año 2025, ver *online*: https://loyol.ink/biduf

la imprevisibilidad del futuro hace surgir sentimientos a menudo contrapuestos: de la confianza al temor, de la serenidad al desaliento, de la certeza a la duda. Encontramos con frecuencia personas desanimadas, que miran el futuro con escepticismo y pesimismo, como si nada pudiera ofrecerles felicidad. Que el Jubileo sea para todos, ocasión de reavivar la esperanza. La Palabra de Dios nos ayuda a encontrar sus razones» (n. 1).

Desde la tradición de los Ejercicios, podemos proponer algunos rasgos que nos ayuden a vivir esta experiencia de oración. Sobre todo, que sea cuidada en el sentido más espiritual.

a) La finalidad de los Ejercicios ignacianos está anclada en ese deseo profundo de «*buscar y hallar la voluntad de Dios*» (*Ej* 1), para lo cual, el ejercitante habrá de preparar y disponer su ánima. Además, deberá ser lúcido acerca del desorden de sus afecciones. La espiritualidad ignaciana bebe de este dinamismo espiritual continuo donde nos ponemos como criaturas ante la pregunta esencial y fundante de qué es lo que Dios quiere y sueña para nosotros. No siempre en unos días de Ejercicios descubrimos su voluntad. Hace falta tiempo, dedicación y paciencia. Pero es cierto que la propia experiencia de los Ejercicios va facilitando un descubrimiento, a veces suave, de sencillas intuiciones que nos acercan a lo que Dios quiere en el ahora de nuestra vida. Para esto necesitaremos, sin duda, el discernimiento. ¿Cómo es posible descubrir tal voluntad? Es muy complejo y no siempre hay evidencias tan visibles. Pero recordemos, al inicio, que el *Creador se comunica con su criatura* (*Ej* 15). Ya Ignacio nos sitúa ante una verdad relacional de nuestra fe: Dios siempre se comunica, de una y mil maneras, con su criatura. Si esto no nos lo creemos, no podemos abrirnos al descubrimiento de su voluntad. Esta pregunta marcará, por tanto, nuestro peregrinaje.

b) Vivimos en un tiempo acelerado. Las agendas, las dinámicas de vida, la sociedad, los trabajos, incluso las redes sociales nos muestran un ritmo excesivo. Se puede ver y escuchar constantemente: no tengo tiempo, me vivo acelerado... y la realidad es que la experiencia de Dios requiere un sujeto que pueda entrar en ritmos lentos. Siempre nos tenemos que recordar la experiencia del pueblo de Dios, que tardó cuarenta años (sí, cuarenta años) en atravesar el desierto. En el libro de los *Ejercicios* aparece también una recomendación bonita: «*no el mucho saber harta y satisface el ánima, más el sentir y gustar de las cosas internamente*» (*Ej* 2). No solo invita a ese ritmo lento de las cosas que se van haciendo poco a poco, sino que además se nos recuerda la valía del sentir y gustar, dos acciones que van a lo más sensitivo de nuestro ser. Es que no puede ser de otra manera. Dios pide esa apertura no solo racional, sino sensitiva, emocional, afectiva. La posibilidad de los Ejercicios nos sitúa en el profundo dinamismo humano de la implicación de toda nuestra psique. Este sentir y gustar hace referencia a nuestros sentidos corporales y espirituales, tan necesarios en la experiencia de Dios. Seamos atrevidos, bajemos nuestros ritmos vitales, para hacernos conscientes de la forma en la que Dios nos va acariciando suave y lentamente a través de su Espíritu Santo.

c) Es muy lúcida la recomendación de san Ignacio para aquellos que quieren comenzar una experiencia como esta. Los Ejercicios necesitan que el sujeto esté animado. Tiene toda la razón. Cualquier evento o experiencia que queramos vivir, si la comienzas con tibieza y apagado, no tiene muchas garantías de éxito. La oración supone un encuentro con Dios, un tiempo de relación. *«Como un amigo habla con su amigo»* (*Ej* 54). Uno no va con un amigo apagado y tibio. Hay que alentar nuestro corazón para el encuentro con el Señor, ir con el ánimo encendido y el corazón deseoso de él. Precisamente aquello que decían del P. Alberto Hurtado, SJ: *«un fuego que enciende otro fuego»*[2]. Esta es la pasión que buscamos en el encuentro del Señor. que nuestro corazón sea encendido con el fuego de Jesús y nos regale permanecer en él y *«hacernos amigos fuertes de Jesús»*, como decía santa Teresa. Junto al ánimo, se nos pide también la liberalidad. La generosidad necesaria ante Dios. No podemos ir con la dinámica de lo mediocre. Encontrarnos con el Señor pide de nosotros ser generosos y dispuestos a poner la vida en juego y dejar que el Espíritu lo ilumine y lo toque todo. Es más, sin el ánimo y la generosidad, es imposible dar el paso a disponerse a ofrecerse por entero. Es

---

[2] Palabras de monseñor Francisco Valdés tras presenciar el modo en el que el P. Hurtado celebraba la misa.

verdad aquello que Jesús dice con mucho énfasis en el Evangelio: «*a quién mucho se le dio mucho se le pedirá*» (cf. Lc 12,48). La experiencia verdadera de Dios pide ofrecerse a la voluntad divina. No es una dinámica egocéntrica donde lo único importante es nuestro ego más narcisista y alimentado solo de lo que queremos y sabemos. Dios pide de nosotros ponernos por entero, ya desde el comienzo. Ofrecerse será una de las acciones más bonitas en nuestra vida cristiana.

d) Es muy importante que comprendamos algo esencial en la propuesta de los Ejercicios ignacianos. El «*todo modo*» (*Ej* 1) que expone es esencial. No podemos constreñir al ejercitante solo a una manera de orar o solo a un único camino para el encuentro con el Señor. La apertura al abanico de posibilidades es fundamental. Dios se comunica de muchas maneras y hay muchas formas de orar, incluso recogidas en el librito de los *Ejercicios* aparecen modos de orar diversos. Es justo y necesario recordar a quién vaya a rezar según este modo y orden, que, aunque haya propuestas concretas, esté abierto a una posibilidad siempre nueva de sentir a Dios. Se irá ofreciendo diversidad en los modos de orar, pero siempre bajo la influencia de lo que Ignacio propone. Es importante considerar, una vez más, la relevancia que tiene el *todo* en la espiritualidad ignaciana. Muchas veces se aludirá a ese todo, ya que la totalidad de Dios se hace espacio en la totalidad de la persona.

e) Una de las dinámicas más ayudadoras en la experiencia de Dios es el apartarse (*Ej* 20). Ignacio, en ese número, explica con sentido la necesidad que tiene la persona que desea encontrarse con Dios y beneficiarse de ese encuentro de apartarse, de dejar casa y conocidos, de tomar distancia de lo que puede generar un ruido interno que hace imposible la escucha y el recogimiento. Es cierto que no hay que aislarse para encontrarse con el Señor. La vida ofrece un imaginario posibilitador para dicho encuentro. Aunque es cierto que no hay nada más seco en la experiencia de Dios que el *entendimiento partido*. No aparece más que una vez en los Ejercicios la palabra silencio (*Ej* 335), vinculada al modo de actuar de los espíritus en las reglas de discernimiento. Por lo tanto, se ve que Ignacio no pensaba que la experiencia de los Ejercicios tuviera que ser en absoluto silencio, como ahora la proponemos. Es otro tiempo aquel. Ahora sí que tenemos que tomar distancia y acallar nuestro interior y exterior. Nosotros seguimos haciendo esa recomendación de apartarse y de hacer silencio, tan útil para disponer el alma y los sentidos a percibir al Dios de nuestra vida. Cada ejercitante tendrá que ver cuál es la mejor manera de poder mantener el entendimiento centrado en Cristo, el único capaz de centrarnos en lo verdaderamente importante y bueno para nosotros.

f) «Sacar provecho» es una de las insistencias en el libro de los *Ejercicios*. Esconde un profundo deseo. La definición de este término apunta a sacar algún beneficio, a obtener algo que pueda ser bueno; tiene que ver con utilidad, fruto, ganancia, entre otras cosas. Los Ejercicios ignacianos apuntan a una experiencia buena para nuestra vida en estos términos:

que nos haga bien, que sirva para nuestra vida, que obtengamos algo que nos ayude a crecer en la fe. Rahner nos recordaba que en el mero hecho de ponernos ante Dios algo sucedía, algo bueno para el que ora. Es una certeza. Podemos obtener el regalo de la Gracia a través de la oración.

g) El agradecimiento es la esencia de la espiritualidad ignaciana. La propia experiencia de san Ignacio fue la apertura al reconocimiento agradecido del paso de Dios por su vida. Muchas son las dinámicas que se pueden generar en el ejercitante. Pero, sin duda, será el agradecimiento por tanto bien recibido (*Ej* 233), lo que le dispondrá para el seguimiento. Por esta razón, podemos entender que solo ese reconocer agradecidamente a Dios en la vida personal será lo que movilizará a la persona entera para ponerse al servicio del amor entregado en oblación. Creemos que no hay nada más esperanzador en la vida humana que sentir el profundo agradecimiento del amor regalado de Dios, creador constante y continúo que posibilita el peregrinar por el camino de la vida. Sin duda, agradecer es el primer punto de toda conversión.

El jesuita K. Rahner (1904-1984) fue para muchos uno de los mayores teólogos católicos del siglo XX. Su trabajo también consistió en unir la teología y la vida según el Espíritu, ofreciendo una especie de manantial para la fe. Nos atrevemos aquí a reproducir parte de sus escritos, porque consideramos que su síntesis de los tres acentos de la espiritualidad cristiana para hoy puede ser una ayuda al ejercitante que quiere peregrinar la vida con esperanza. No olvidemos aquellas palabras de Pedro: «glorificad a Cristo en vuestros corazones, siempre dispuestos a dar respuesta a todo el que os pida razón de vuestra esperanza; pero con mansedumbre y respeto» (1 Pe 3,15-16). En el fondo, Cristo será la única razón para la esperanza. Rahner pone palabras a esas tres dinámicas ayudadoras para ser testigos hoy[3]:

1. *Una relación personal e inmediata con Dios.* Escribe Rahner: «La nota primera y más importante que ha de caracterizar a la espiritualidad del futuro es la relación personal e inmediata con Dios. Esta afirmación puede parecer una perogrullada, sin embargo, actualmente está muy lejos de ser algo que cae de su peso». «Cabría decir que el cristiano del futuro o será un "místico", es decir, una persona que ha "experimentado" algo o no será cristiano. Porque la espiritualidad del futuro no se apoyará ya en una convicción unánime, evidente y pública, ni en un ambiente religioso generalizado, previos a la experiencia y a la decisión personales». «Para tener el valor de mantener una relación inmediata con Dios, y también para tener el valor de aceptar esa manifestación silenciosa de Dios como el verdadero misterio de la propia existencia, se necesita evidentemente algo más que una toma de posición racional ante el problema teórico de Dios, y algo más que una aceptación puramente doctrinal de la doctrina cristiana».

2. *La vida temporal y el servicio al mundo como espiritualidad.* Lo anterior es uno de los acentos de

---

[3] Escogemos estos acentos de Rahner de lo publicado en: https://pastoralsj.org/karl-rahner/

esa espiritualidad deseada, pero no el único. Existe hoy un cierto peligro de citarlo una y otra vez sin referirse a los otros dos, lo cual podría alentar una espiritualidad desencarnada. Por eso dice Rahner: «La espiritualidad y la vida normal cristiana hoy se ligan, se compenetran, se promueven recíprocamente. Nadie puede vivir hoy, como en tiempos pasados, en un paraíso de espiritualidad inmune al mundo, y tampoco puede componerse con este mundo concreto sin ser cristiano radical... Quien ejercita las virtudes del mundo y se deja educar por él en la alegría, en la audacia, en la fidelidad al deber y en el amor, vive ya en parte, una auténtica espiritualidad, y esas virtudes mundanas le revelarán un buen día el más profundo misterio, que es Dios mismo».

3. *Una nueva ascética de la libertad.* «La ascética activa tenía antes el carácter de lo adicional y extraordinario. Hoy tiene más bien el carácter de la libertad responsable ante el deber... Quien esté abierto al futuro absoluto de Dios será capaz de superar la apetencia sin límites de llenar su vida con el mayor goce posible para en último término destruirse a sí mismo por su inmoderación... Este aspecto de la vida espiritual es lo que denominamos ascética en sentido amplio».

El verdadero camino de peregrinación, según los Ejercicios, es el de la identificación con Cristo, origen de la esperanza cristiana. Tiene sentido en la propuesta que deseamos ofrecer. La esperanza cristiana se enraíza en la vinculación con Cristo. La auténtica vida cristiana está incardinada en dos coordenadas esenciales: la imitación de Cristo y el seguimiento a Cristo. Los Ejercicios ignacianos son un camino que puede ayudar al cristiano a ahondar en esta identificación, dándole *conocimiento interno* para imitar al Señor y las claves esenciales para una vida de seguimiento y entrega. Así lo expresa la preciosa oración del P. Arrupe «Invocación a Jesucristo modelo»[4]:

> «Dame, sobre todo, el "*sensus Christi*" (1 Cor 2,16) que Pablo poseía; que yo pueda sentir tus sentimientos, los sentimientos de tu corazón con que amabas al Padre (Jn 14,31) y a los hombres (Jn 13,1). Jamás nadie ha tenido mayor caridad que tú, que diste la vida por tus amigos (Jn 15,13), culminando con tu muerte en cruz el total abatimiento (Flp 2,7), kénosis, de tu encarnación. Quiero imitarte en esa interna y suprema disposición, y también en tu vida de cada día, actuando, en lo posible, como tú procediste. […] Enséñanos tu "modo" pare que sea "nuestro modo" en el día de hoy, y podamos realizar el ideal de Ignacio: ser compañeros tuyos, "otros Cristos", colaboradores tuyos en la obra de la redención».

De la experiencia espiritual de san Ignacio brota este convencimiento del *alter Christus* (otro Cristo). La contemplación de la vida, muerte y resurrección de Jesucristo va configurando al ejercitante de tal modo que le permite terminar los Ejercicios con ese deseo de entrega y de servicio, movido por el amor de Dios y al estilo de Jesús en su Evangelio. Podemos también hacernos conscientes en nuestra vida espiritual, de cómo Dios nos va tratando. El recorrido pedagógico de los Ejercicios nos

---

[4] P. ARRUPE, *La identidad del Jesuita en nuestros tiempos*, Sal Terrae, Santander 1981, 81-82.

va mostrando un aprendizaje esencial de unión con Cristo, de tal modo, que, por la fe, dejemos que su vida se manifieste en nosotros.

El itinerario espiritual que se nos invita a recorrer comienza captando la sintonía del amor del Creador, que se despliega en la misericordia ante nuestro pecado y que tendrá cuerpo y carne en Cristo a lo largo de las contemplaciones de su vida. Es justo este proceso el que nos conduce, como hemos indicado, a la identificación con Cristo. Así será expresado en el *contigo y como tú* de la meditación del Rey eternal (*Ej* 95). Como se apreciará a lo largo de este libro, lo que presentamos es una adaptación de dicho proceso. Aportamos un itinerario ignaciano con el hilo de fondo de la esperanza cristiana, una virtud que se ve aumentada a través del don de la consolación (*Ej* 316). La fe se siente y la caridad se hace, pero la esperanza está llamada a aumentar en nosotros el deseo de la revelación del Hijo de Dios. Es la actitud de la espera de ser salvados. Por tanto, son solo diversidad de recursos puestos en modo y orden para que el que lo desee encuentre una guía de oración.

Este libro nace desde el deseo de ayudar a otros a crecer en esperanza firme y segura, en el contexto de una llamada eclesial a vivir en la realidad de la esperanza como ancla de nuestra vida (Heb 2,19). Bailamos juntos, desde la amistad, Sara M.ª García, religiosa del Santo Ángel y David Cabrera, jesuita, para ofrecer este recorrido. Nos une no solo la amistad, sino el deseo y la convicción de que la experiencia ignaciana es un modo de evangelizar en el mundo. Nos parecía que esta oportunidad de centralizar nuestra vida de fe en la esperanza ofrecía un marco espléndido para ofrecer itinerarios de oración a toda aquella persona que desee ahondar en la intimidad con el Señor. Somos ambos deudores de nuestros fundadores y de los que a lo largo de nuestros años de vida religiosa y de pastoralistas nos han ido acompañando. De muchos de ellos, bebemos aquí para ofrecer lo recibido.

El recorrido que proponemos está dividido en cinco días o unidades: Principio y fundamento (1), pecado y misericordia (2), vocación, contemplar a Jesús desde la esperanza (3, 4) y un deseo de recoger y agradecer la experiencia (5). Cada uno de los días está dividido en dos propuestas (mañana y tarde) para que se pueda organizar el día en secciones con diversidad de contenido que ayuden a la oración. No lo pensamos para agotar o empacharse de todo lo que aquí se recoge. Desde la intuición ignaciana de saber parar y detenerse: «en el punto en el cual hallare lo que quiero, ahí me reposaré sin tener ansia de pasar adelante hasta que me satisfaga» (*Ej* 76). No necesariamente hay que consumir textos y oraciones, más bien, lo que se plantea es ir ayudándose de esta materia para crecer espiritualmente y hacer un proceso. Esta metodología ignaciana es un continuo ejercicio de elección, como no puede ser de otro modo. También aquí, el ejercitante o el que da los Ejercicios podrá ir eligiendo lo que más le conduce al fin que se pretende (cfr. *Ej* 23), incluso lo que más le sitúa en la presencia de Dios, lo que en su vida ahora tiene más sentido o lo que de corazón desee más para la salvación de su ánima. Es bastante claro que esta experiencia pide ir examinando constantemente para ver lo que es visitado de tu vida por Dios y su Espíritu Santo; las tentaciones del mal espíritu, que siempre tienden a separar, y cuáles son las mociones que fomentan un crecimiento como cristiano. Esta propuesta espiritual ojalá ayude a otros a encontrar y enraizar la vida en la única esperanza: Cristo, el Hijo de Dios y el Señor de nuestra vida.

Se evoca la experiencia del discípulo que pregunta al maestro por la vida, y este le ofrece la referencia de tres modelos bíblicos que pueden ayudarle a caer en la cuenta de que cada uno hace y vive su propio camino:

«Un hermano pregunta a un anciano diciendo: "¿Qué buena obra puedo yo hacer y vivir por ella?". Y el anciano dijo: "Dios sabe lo que está bien. Pero yo he oído decir que uno de los padres preguntó al abba Nistherôos el grande, el amigo de abba Antonio, y le dijo: '¿Qué buena obra puedo yo hacer?' y él le respondió: '¿No son iguales todas las posibilidades? La escritura dice: Abrahán era hospitalario, y Dios estaba con él; a Elías le encantaba el recogimiento y Dios estaba con él; David era humilde y Dios estaba con él. Por tanto, lo que tú veas que tu alma desea según Dios, hazlo, y escucha tu corazón'"».

Oración del Jubileo[5]

Padre que estás en el cielo,
la fe que nos has donado en
tu Hijo Jesucristo, nuestro hermano,
y la llama de caridad
infundida en nuestros corazones por el Espíritu Santo,
despierten en nosotros la bienaventurada esperanza
en la venida de tu Reino.

Tu gracia nos transforme
en dedicados cultivadores de las semillas del Evangelio

---

[5] Ver *online*: https://loyol.ink/iqjua

que fermenten la humanidad y el cosmos,
en espera confiada
de los cielos nuevos y de la tierra nueva,
cuando vencidas las fuerzas del mal,
se manifestará para siempre tu gloria.

La gracia del Jubileo
reavive en nosotros, peregrinos de esperanza,
el anhelo de los bienes celestiales
y derrame en el mundo entero
la alegría y la paz
de nuestro Redentor.

A ti, Dios bendito eternamente,
sea la alabanza y la gloria por los siglos.
Amén.

Entrada en Ejercicios
Atravesar la puerta.
Ser peregrinos de esperanza

Abrir la puerta (Edgar Bayley)[1]
me pregunto
y es una pregunta inmoral
si servirá de algo abrir esa puerta
que da al patio
a la tierra
al viento del mundo

---

[1]   https://loyol.ink/zdanz

a los pasos de la gente
me pregunto
si servirá de algo escribir
a estas horas de la noche
en el silencio de mi habitación
con la puerta cerrada

sería tan sencillo
me digo
abrir por fin la puerta
y asomarme y mirar
dejando que me lleven
los pasos y las sombras del camino
me pregunto si servirá de algo explicar
por qué no explico
cuando tanta palabra y confidencia
intentaron traducirme
y ponerme al descubierto

si servirá de algo abrir la puerta
me pregunto
y andar por el patio
por el mundo entre la gente
abrir de par en par la puerta
para que todo pueda cumplirse
como la hoja de un cuchillo al extremo de un puente

como la red y el roble que salvan la alegría al final del
    espectáculo
como el canto de las aguas y el susurro de la siesta
como la playa en sombras y el lecho infinito de los amantes
    reencontrados

para que todo pueda cumplirse
la luz la noche la inocencia
el nombre que pasa entre las ramas
la puerta se abrirá enteramente
se abrirá por fin la puerta
por si alguno
quiere volver a entrar o salir
o curiosear entre mis cosas
o esperarme mientras vuelvo
y si tardo y no regreso
salir al viento
y olvidarme.

La primera noche conviene tener un tiempo de exposición de una materia que pueda ayudar a situarse en los Ejercicios. No debería ser excesivamente larga, sino más bien breve, que ayude al ejercitante a ir entrando. Es muy frecuente que se llegue con cierto acelere interno, que cada uno trae de casa. Por eso, conviene que se pueda tener ahora un tiempo para *prepararse y disponerse*. Ambas acciones nos recuerdan dos cosas fundamentales cuando comenzamos un tiempo así: *prepararnos* es lo que podemos poner de nuestra parte, caer en la cuenta de los ingredientes necesarios para que pueda darse el encuentro con Dios; el *disponerse* en ignaciano hace referencia al deseo, al conectar con lo profundo de ser atraído por un Señor que ha posibilitado que esté aquí. Es bueno caer en la cuenta de algo que Ignacio dirá al final de los Ejercicios, pero que ya aquí podemos evidenciar: Dios trabaja por mi (*Ej* 236). ¿Cómo ha posibilitado Dios que yo esté aquí y ahora? Puede ser buen comienzo de los Ejercicios el agradecer la oportunidad de tener un tiempo de oración y de encuentro con Dios. *Agradece* lo que te ha traído aquí y las posibilidades para dedicar un tiempo al Señor.

Comenzar esta experiencia requiere también dedicar ya un espacio, en primer lugar, a ver cómo estoy y cómo vengo. De muchas maneras puedes examinar este momento inicial. Ignacio nos recuerda la importancia de poder poner palabras al estado espiritual inicial. Nos recordará, ya desde el inicio, lo que es consolación y lo que es desolación, para que el ejercitante pueda descubrir cuál es su punto de partida. Sirva aquí de recordatorio, para que ayude a otros a poner un poco de luz a su interior.

- *Consolación*: «llamo consolación cuando en el ánima se causa alguna moción interior, con la cual viene la ánima a inflamarse en amor de su Criador y Señor, y consecuente cuando ninguna cosa criada sobre la haz de la tierra puede amar en sí, sino en el Criador de todas ellas. Asimismo, cuando lanza lágrimas motivas a amor de su Señor, ahora sea por el dolor de sus pecados, o de la pasión de Cristo nuestro Señor, o de otras cosas derechamente ordenadas en su servicio y alabanza; finalmente, llamo consolación todo aumento de esperanza, fee y caridad y toda leticia interna que llama y atrae a las cosas celestiales y a la propia salud de su ánima, quietándola y pacificándola en su Criador y Señor» (*Ej* 316).

- *Desolación*: «llamo desolación todo el contrario de la tercera regla; así como escuridad del ánima, turbación en ella, moción a las cosas bajas y terrenas, inquietud de varias agitaciones y tentaciones, moviendo a infidencia, sin esperanza, sin amor, hallándose toda perezosa, tibia, triste y como separada de su Criador y Señor. Porque, así como la consolación es contraria a la desolación, de la misma manera los pensamientos que salen de la consolación son contrarios a los pensamientos que salen de la desolación» (*Ej* 317).

Dejar en un segundo plano lo que me *pre-ocupa*

El ejercitante llega a este encuentro con Dios con temas internos y externos que generan el suficiente ruido como para ser impedimentos. Rollos, manías, angustias innecesarias...; problemas, urgencias, cosas pendientes... que se ponen delante e impiden avanzar en el encuentro con el Señor. Solo garantizan el enredo y no la apertura. Ejercicio de *dejar en manos de Dios* ya desde esta noche. «A ti levanto mi alma» (Sal 24). Se puede poner por escrito, a modo de carta a Jesús, lo que se puede dejar en su presencia para que sea acogido. Una lista de *mis temas* de la vida que pueden generar ruido intenso.

Así nos lo recuerda Ignacio: «Tanto más aprovechará, cuanto más se apartare de todos amigos y conocidos y de toda solicitud terrena» (*Ej* 20). No solo tomamos distancia física de lo real, ojalá el ejercitante pueda trasladarse a otro lugar. Lo más poderoso es evitar esa distracción de nuestros asuntos más mundanos: relaciones, trabajo, familia, dinero, etc., que son esos elementos terrenales de los cuales también necesitamos apartarnos y tomar distancia. Escribirlo en la primera noche y dejarlo en manos de Dios, ya sirve como anticipo a ese deseo de abandonarnos en sus manos para sacar provecho.

Hay una imagen en la tradición espiritual de la Iglesia que puede acompañarnos en este peregrinaje espiritual[2]. Se trata de la Puerta Santa[3]:

«Desde el punto de vista simbólico, la Puerta Santa adquiere un significado particular: es el signo más característico, porque la meta es poder atravesarla. Su apertura por parte del papa constituye el inicio oficial del Año Santo. Originalmente, solo había una puerta, en la basílica de San Juan de Letrán, que es la catedral del obispo de Roma. Para que los numerosos peregrinos pudieran hacer este gesto, las demás basílicas de Roma también ofrecieron esta posibilidad.

Al cruzar este umbral, el peregrino recuerda el texto del capítulo 10 del Evangelio según san Juan: "Yo soy la puerta: quien entre por mí se salvará y podrá entrar y salir, y encontrará pastos". El gesto expresa la decisión de seguir y de dejarse guiar por Jesús, que es el Buen Pastor. Por otra parte, la puerta es también un paso que conduce al interior de una iglesia. Para la comunidad cristiana, no es solo el espacio de lo sagrado, al cual uno se debe aproximar con respeto, con un comportamiento y una vestimenta adecuados, sino que es signo de la comunión que une a todo creyente con Cristo: es el lugar

---

[2] Cuando un papa convoca un tiempo de gracia para toda la Iglesia –llamado Jubileo–, la imagen de atravesar la Puerta Santa adquiere un simbolismo esencial: un umbral en las principales basílicas de Roma, que, como signo tangible, es llamada de Dios a la misericordia, a la conversión y a la gracia. Aunque su significado viene de la Antigüedad, fue en el Jubileo de 1500 cuando Alejandro VI inauguró este signo para toda la Iglesia. Es la invitación a todos los fieles a atravesar este umbral para renovar la vida en Cristo.

[3] Ver *online*: https://loyol.ink/2t6dc

del encuentro y del diálogo, de la reconciliación y de la paz que espera la visita de todo peregrino, el espacio de la Iglesia como comunidad de fieles.

En Roma, esta experiencia adquiere un significado especial, por la referencia a la memoria de san Pedro y san Pablo, apóstoles que fundaron y formaron la comunidad cristiana de Roma y que, con sus enseñanzas y su ejemplo, son una referencia para la Iglesia universal. Aquí se encuentra su tumba, en el lugar donde fueron martirizados; junto con las catacumbas, es un lugar de continua inspiración».

Es buena la oportunidad para contemplar esta imagen de la Puerta Santa y caer en la cuenta de la invitación a cruzar puertas: cada vez que cruzamos una Puerta Santa ganamos una gracia especial y esa es la indulgencia plenaria. ¿Qué gracia necesitamos para estos días de Ejercicios? La propuesta será conectar con lo que *deseo y quiero* para este tiempo. Cruzar la Puerta Santa supone una *renovación* y una *actitud de conversión y de arrepentimiento*. La Puerta Santa significa todas esas cosas buenas y renovadas que tiene que poner el cristiano para cambiar de vida. Cuando Cristo se refiere a sí mismo como la puerta (cfr. Juan 10) significa que la persona encontrará en él la salvación, la seguridad, la acogida y el calor. Todas las condiciones para que esté seguro el redil dentro de la puerta y el que entre por ella está en libertad. Puede entrar y salir.

Esta imagen aparece también en el relato bíblico del libro del Apocalipsis: «He aquí, yo estoy a la puerta y llamo; si alguno oye mi voz y abre la puerta, entraré a él, y cenaré con él, y él conmigo» (Ap 3,20). Al inicio de nuestra experiencia, se le puede proponer al ejercitante, meditar estas palabras con esta clave: Dios está al otro lado de la puerta de la vida. Un Dios que espera paciente ser recibido y que le dejemos entrar hasta el fondo de nuestra entraña habitada. Recibir al Señor es una invitación dichosa que apunta a esa unión que buscamos en la experiencia espiritual. Animemos a escuchar la llamada del Señor a ser recibido, ayudemos al ejercitante a dejarse también él recibir por el Señor en esa mesa compartida del banquete.

Tres actitudes para estos Ejercicios

Actitudes que pueden ser oradas y meditadas, para prepararse y disponerse. Serán esenciales si el ejercitante quiere continuar adelante:

1. *Orar.* ¿Cómo vengo de relación personal con el Señor? No buscando una mirada culpabilizante, sino aumentar en mí el deseo de encontrarme con él. No es el tiempo de las regañinas por no haber orado lo suficiente o por llevar una vida más pobre en la práctica de la fe. Es tiempo, sin duda, de hacerse consciente del deseo de encontrarse con él, y avivarlo.

2. *Peregrinar.* Requiere movimiento, salir de uno mismo... Ignacio, el peregrino interior, nos suscitará la dinámica: vencerse a sí mismo y ordenar lo que está desordenado (*Ej* 21). El ejercitante deberá hacer un recorrido, no lineal, sino hacia dentro, para ahondar en su realidad de criatura. ¿Qué dinámicas se han de poner en marcha en mí para avivar mi esperanza?

3. *Esperanza.* «Nosotros, los que acudimos a él, nos sentimos poderosamente estimulados a aferrarnos a la esperanza que se nos ofrece. Esta esperanza que

nosotros tenemos es como *un ancla* del alma, *sólida y firme*, que penetra más allá del velo, allí mismo donde Jesús entró por nosotros, como precursor» (Heb 6,18-20). Es una invitación fuerte a no perder nunca la esperanza que nos ha sido dada, a abrazarla encontrando refugio en Dios (Bula *Spes non confundit*, 25).

Una última propuesta para este tiempo, en torno al silencio. Recomendamos realizar este ejercicio guiado de Tony de Mello[4] que puede ayudar ya esta primera noche a ir entrando en la dinámica de silencio.

La riqueza del silencio

«El silencio es la gran revelación», dijo Lao-tse. Estamos acostumbrados a considerar la Escritura como la revelación de Dios. Y así es. Con todo, quisiera que, en este momento, descubrierais la revelación que aporta el silencio. Para recibir la revelación de la Escritura tenéis que aproximaros a ella; para captar la revelación del Silencio, debéis primero lograr silencio. Y esta no es tarea sencilla. Vamos a intentado en este primer ejercicio.

Que cada uno de vosotros busque una postura cómoda. Cerrad los ojos. Voy a invitaros a guardar silencio durante diez minutos. Intentaréis, en primer lugar, hacer silencio, el silencio más total, tanto de corazón como de mente. Cuando lo hayáis conseguido, quedaréis abiertos a la revelación que trae consigo el silencio.

---

[4] A. DE MELLO, *Sadhana. Un camino de oración*, Sal Terrae, Santander 1998.

Al final de los diez minutos os invitaré a que abráis los ojos y a que compartáis con el resto, si así lo deseáis, lo que habéis hecho y experimentado en este tiempo.

Para compartir con el resto lo que habéis hecho y lo que os ha ocurrido, que cada uno cuente los intentos que hizo para lograr el silencio y en qué medida lo ha conseguido. Que describa ese silencio, si es capaz. Que cuente algo de lo que ha pensado y sentido durante este ejercicio.

Las experiencias de la gente que se somete a este ejercicio son infinitamente variadas. Muchos descubren, para sorpresa suya, que el silencio es algo a lo que no están acostumbrados en absoluto. Hagan lo que hagan, son incapaces de detener el constante vagar de su mente y de acallar el alboroto emocional que sienten dentro de su corazón. Otros, por el contrario, se sienten cercanos a las fronteras del silencio. En ese momento sienten pánico y huyen. El silencio puede ser una experiencia aterradora.

Con todo, no existe motivo para desanimarse. Incluso esos pensamientos alocados pueden ser una revelación. ¿No es una revelación sobre ti mismo el hecho de que tu mente divague? Pero no basta con saberlo. Debes detenerte y experimentar ese vagabundeo. El tipo de dispersión en que tu mente se sumerge, ¿no es acaso revelador?

En este proceso hay algo que puede animarte: el hecho de que hayas podido ser consciente de tu dispersión mental, tu agitación interior o tu incapacidad de lograr silencio, demuestra que tienes dentro de ti al menos un pequeño grado de silencio, el grado de silencio suficiente para caer en la cuenta de todo esto.

Cierra los ojos de nuevo y percibe tu mente dispersa durante dos minutos…

Siente ahora el silencio que te hace posible concienciar la dispersión de tu mente...

En los Ejercicios que vienen a continuación iremos construyendo este silencio mínimo que tienes dentro de ti. A medida que crezca, te revelará más y más cosas sobre ti mismo. Esta es su primera revelación: tu propia identidad. En esta revelación, y a través de ella, alcanzarás cosas que el dinero no puede comprar, tales como sabiduría, serenidad, gozo, Dios.

Para alcanzar estas realidades a las que no se puede poner precio no basta con reflexionar, hablar, discutir. Es preciso actuar. Poner manos a la obra ahora mismo.

Cierra los ojos. Busca el silencio durante otros cinco minutos.

Cuando termines este ejercicio, trata de ver si los esfuerzos que has realizado en estos últimos minutos han sido más o menos positivos que los anteriores. Observa si el silencio te ha revelado ahora algo que no habías percibido anteriormente. No pretendas encontrar algo sensacional en la revelación que el silencio te regala: luces, inspiraciones, perspectivas. Limítate a observar. Trata de recoger todo lo que se presenta a tu conciencia. Todo, aunque sea trivial y ordinario, lo que te sea revelado. Quizás toda la revelación se reduzca a caer en la cuenta de que tus manos están húmedas, a hacerte cambiar de postura o a tomar conciencia de que estás preocupado por tu salud. No importa. Es realmente valioso que hayas caído en la cuenta de todo esto. Es más importante la calidad de tu toma de conciencia que sus contenidos. A medida que mejore la calidad, tu silencio será más profundo. Y a medida que tu silencio se profundice experimentarás un cambio.

Y descubrirás, para satisfacción tuya, que revelación no es conocimiento racional. Revelación es poder; un poder misterioso que transforma.

Propuesta de oración: dos escenas bíblicas

1) Busca un lugar tranquilo, donde poder estar haciendo silencio y presencia, que te evoque ese deseo de ponerte delante de Dios.

   • Haz silencio, serena, acalla, respira... ponte en la presencia del Señor.

   • Expresa al Señor tu deseo para estos días de Ejercicios espirituales. «Lo que quiero y deseo...».

   • Medita la Palabra: Apocalipsis 2,17

     «Si alguien tiene oídos, que ponga atención a lo que el Espíritu de Dios les dice a las iglesias. "A los que triunfen sobre las dificultades y sigan confiando en mí, les daré a comer del maná escondido y les entregaré una piedra blanca. Sobre esa piedra está escrito un nuevo nombre, que nadie conoce. Solamente lo conocerán los que reciban la piedra"».

   • Abrir los oídos al Espíritu... aumentar la confianza y la fe para vencer toda dificultad... recibirás el maná que nos saciará... buscar esa piedra blanca sobre la que Dios escribe tu nuevo nombre... solo tú sabes reconocer lo que Dios tiene que decirte...

   • Puedes terminar con un padrenuestro.

2) Pasea, camina, déjate invadir por los olores y los colores, ve, mira, oye... un paseo de los sentidos... para ir poco a poco serenando el espíritu... dejando que todo

entre en tu ser. Descubre las Presencias de Dios que te consuelen.

- Camina despacio, acalla las prisas... ponte en la presencia de Dios.
- Señor te presento... te busco... qué deseo de ti.
- Medita la Palabra: Mt 13,44-45.

«En aquel tiempo, dijo Jesús a la gente: "El Reino de los Cielos se parece a un tesoro escondido en el campo: el que lo encuentra, lo vuelve a esconder, y, lleno de alegría, va a vender todo lo que tiene y compra el campo"».

- Como aquel hombre, tú también te pones en la búsqueda. Agradece los tesoros encontrados a lo largo del último tiempo de vida... siente la alegría de quién se ha encontrado con Jesús... ¿Qué tienes que dejar (vender) antes de comenzar los Ejercicios? ¿A qué te sientes invitado?
- Termina con un padrenuestro.

Nuestra vida enraizada en la esperanza

**Puntos de la mañana
Nuestra pertenencia a Dios.
El principio y fundamento
de la esperanza**

*Mira, Señor, mi regazo está lleno con las sobras de
tus migajas. Pero como no queda sitio en los pliegues
de mi mano, recoge tu don, mientras yo te adoro, y
guárdalo en tu tesoro, como si fuera un depósito, para
volver a dárnoslo otra vez.*

(San Efrén el Sirio)[1]

Esta primera propuesta busca ir entrando, poco a poco, en
una dinámica espiritual de Ejercicios. No se puede preci-
pitar ni forzar el ritmo lento del Espíritu. Es bueno que el

---

[1] Cada invitación a la oración que proponemos a partir de ahora
irá motivada por unos versos de los himnos de san Efrén el Sirio que
sirvan de introducción en la dinámica espiritual de cada propuesta.
Están entresacados de: SAN EFRÉN EL SIRIO, *Una guirnalda de cantos
a Cristo*, Nuevo inicio, Granada 2016.

ejercitante vaya sintonizando con su interior habitado y generando esos deseos de esperanza.

1. *Despertar los sentidos.* Los sentidos son esenciales en la experiencia de los Ejercicios. Convine que el ejercitante que llega pueda ir despertando espiritualmente la vista, el gusto, el tacto, el oído y el olfato para ponerlo al servicio de la oración. Se propone al ejercitante que pueda tener un primer momento en esta mañana para pasear, respirar hondo, hacerse consciente de los olores, los sabores, la luz, la textura de las cosas, el aire... ir caminando lentamente, bajando el ritmo de la vida, de la respiración. Se trata desatascar los cauces de contacto con el exterior y con la realidad, para poder ponerlos al servicio del camino interior. De nuevo, disponerse a recibir, a reconocer, a escuchar, a escuchar dentro de uno mismo. Disfrutar del silencio. ¿Cómo se hace? Simplemente dar un paseo, ve parándote, caminando despacio.

2. *Conectar cabeza y corazón.* En la experiencia de los Ejercicios es importante hacer el esfuerzo de conectar tanto el entendimiento y el afecto. Abrir especialmente la escucha, para responder: ¿qué suena dentro de ti? ¿Qué resuena delante de mí? Es bueno dejar salir lo que hay en ti, no se trata de moralizar ni de juzgar, sino intentar que de dentro comience a emanar... Sería bueno entablar una conversación entre Dios y uno mismo, sin miedo a tocar el fondo, con sinceridad. Dedicarse un tiempo, para expresar a Dios lo que sale de ti, de tu corazón, de tus pensamientos... ¿En qué momento de tu vida estás? ¿Cuáles son tus miedos,

sueños, deseos, quereres, pensamientos, ideas...? Ponerlo en su presencia. «Solo Dios basta» (santa Teresa de Jesús).

3. *Preparar el corazón*. Puede ayudar este fragmento de 1 Reyes 3,4-15.

«El rey fue a Gabaón a ofrecer allí sacrificios, pues allí estaba la ermita principal. En aquel altar ofreció Salomón mil holocaustos. En Gabaón el Señor se apareció aquella noche en sueños a Salomón, y le dijo: "Pídeme lo que quieras". Salomón respondió: "Tú le hiciste una gran promesa a tu siervo, mi padre, David, porque procedió de acuerdo contigo, con lealtad, justicia y rectitud de corazón, y le has cumplido esa gran promesa dándole un hijo que se sienta en su trono: es lo que sucede hoy. Ahora, Señor, Dios mío, tú has hecho a tu siervo sucesor de mi padre, David; pero yo soy un muchacho que no sé valerme. Tu siervo está en medio del pueblo que elegiste, un pueblo tan numeroso que no se puede contar ni calcular. Enséñame a escuchar para que sepa gobernar a tu pueblo y discernir entre el bien y el mal; si no, ¿quién podrá gobernar a este pueblo tuyo tan grande?". Al Señor le pareció bien que Salomón pidiera aquello, y le dijo: "Por haber pedido esto, y no haber pedido una vida larga, ni haber pedido riquezas, ni haber pedido la vida de tus enemigos, sino inteligencia para acertar en el gobierno, te daré lo que has pedido: una mente sabia y prudente, como no la hubo antes ni la habrá después de ti. Y te daré también lo que no has pedido: riquezas y fama mayores que las de rey alguno. Y si caminas por mis sendas, guardando mis preceptos y mandatos, como hizo tu padre, David, te daré larga vida". Salomón despertó: había tenido un sueño».

El joven Salomón desea tener un corazón preparado para escuchar la Palabra y poder acogerla en su vida. Fomentar esa actitud de dejarse hacer por ella. Tener el corazón dispuesto a discernir los espíritus para descubrir la voluntad de Dios. Conviértelo en oración: ¡Enséñame a escucharte! ¡Enséñame a discernir! Pídele a Dios que te muestre su promesa...

4. *Preparar la confianza.* Cuidar el vínculo afectivo con el Señor es esencial para que la confianza sea sustento para la experiencia. Puede ayudar el Salmo 84:

«Porque el Señor es sol y es escudo, Dios concede favor y gloria; el Señor no niega sus bienes a los de conducta intachable. Señor Todopoderoso, ¡dichoso el hombre que confía en ti!».

El Señor de los Ejércitos cuida y vela por ti siempre. Es el Señor de tu vida, el que sale en tu defensa... su promesa de felicidad está asentada en la confianza, en la expresión de la alegría por estar con él. Haz tuyas estas palabras del salmista, vete simplemente repitiendo, lentamente... y conviértelas en petición.

Es importante cuidar la presencia de Dios. Hay que ponerse a ello. Dejar que mi vida vaya entrando en su presencia, bajo su mirada, en su corazón... en el de Jesús, no en otros dioses que no me dan la alegría y gozo verdadero. Así debemos reconocer su presencia a través de sentir una alegría verdadera y un gozo que es capaz de tocar nuestra entraña (*Ej* 329). Te pueden ayudar estas dos imágenes bíblicas

Oseas 11: el profeta presenta una imagen preciosa para sentir ese gozo interno, la maternidad-paternidad de un Dios que nos atrae con cariño y con ternura. ¿Te ha tratado así Dios en tu vida? ¿Has sentido en tu vida la cercanía y el cariño que es cuidado íntimo? Medita estas palabras y busca el reflejo en tu vida.

«Cuando Israel era niño, yo lo amé, y de Egipto llamé a mi hijo... Yo enseñé a Efraín a caminar, tomándole por los brazos, pero ellos no conocieron que yo cuidaba de ellos. Con cuerdas humanas los atraía, con lazos de amor, y era para ellos como los que alzan a un niño contra su mejilla, me inclinaba hacia él y le daba de comer... ¿Cómo voy a dejarte? ¿Cómo entregarte? Me da un vuelco el corazón, y se estremecen mis entrañas...».

Salmo 103: estas palabras del salmista te pueden ayudar a volver a esa presencia expresada en estos versículos, donde te puedas sentir alzado al amor, cercano a esa fuente de ternura que hace vivir de forma esperanzada. Él sabe cómo somos y quiénes somos. El Señor sabe de nuestro barro y nos podemos sentir en sus manos.

«Como se alzan los cielos por encima de la tierra, así de grande es su amor; tan lejos como está el oriente del ocaso aleja él de nosotros nuestras rebeldías; como un padre siente ternura por sus hijos, siente el Señor ternura por sus fieles, porque él conoce nuestra masa, se acuerda de que somos barro».

1. A quién pertenezco

Elaborar una lista de tus pertenencias desde: ¿adónde pertenezco? ¿A quién? ¿A qué? ¿Cuál es la calidad de mis pertenencias? Todo me puede ayudar a conducir al fin para el que soy creado, ser salvado por la gracia de Dios a través de todo.

Tobías 11: un joven vuelve a casa después de buscar una cura a la ceguera de su padre. Tobías, que está acompañado por un ángel (la gracia de Dios) y un perro, regresa con una cura para su padre que procede del mundo natural. Permítete entrar en la alegría de pertenecer y contempla esos momentos de tu vida en los que te sientes más profunda y hondamente tu ser de Dios.

2. Contemplar el deseo de seguirle

Contempla a Jesús en Jn 1,35-38: dejar resonar las preguntas que aparecen, ¿qué buscas? ¿Dónde vives? Para pertenecer hay que estar con el Señor Jesús; él es la razón de nuestro ser y quién alienta nuestros caminos.

La dignidad de todo ser humano es que su Creador lo ha hecho por amor y desde el amor…

«Sin repetir aquí la entera teología de la creación, nos preguntamos qué nos dicen los grandes relatos bíblicos acerca de la relación del ser humano con el mundo. En la primera narración de la obra creadora en el libro del Génesis, el plan de Dios incluye la creación de la humanidad. Luego de la creación del ser humano, se dice que "Dios vio todo lo que había hecho y era muy bueno" (Gn 1,31). La Biblia enseña que cada ser humano es creado por amor, hecho a imagen y semejanza de Dios (cf. Gn 1,26). Esta afirmación nos muestra la inmensa dignidad de cada persona humana, que "no es solamente algo, sino alguien. Es capaz de conocerse, de poseerse y de darse libremente y entrar en comunión con otras personas" (*Catecismo de la Iglesia Católica*, 357). San Juan Pablo II recordó que el amor especialísimo que el Creador tiene por cada ser humano le confiere una dignidad infinita. Quienes se empeñan en la defensa de la dignidad de las personas pueden encontrar en la fe cristiana los argumentos más profundos para ese compromiso. ¡Qué maravillosa certeza es que la vida de cada persona no se pierde en un desesperante caos, en un mundo regido por la pura casualidad o por ciclos que se repiten sin sentido! El Creador puede decir a cada uno de nosotros: "Antes que te formaras en el seno de tu madre, yo te conocía" (Jr 1,5). Fuimos concebidos en el corazón de Dios, y por eso cada uno de nosotros es el fruto de un pensamiento de Dios. Cada uno de nosotros es querido, cada uno es amado, cada uno es necesario» (*Laudato si'*, 65).

Lo sé

> ¡Qué distancia tan larga,
>   de la cabeza al corazón!

Lo sé.
Creo que me conozco
tantos años conmigo,
caídas y traspiés
levantarme y seguir.

Lo sé.
Siento conocer mi debilidad
y mi cabeza me da
razones para la fragilidad
motivos para la lentitud.

Lo sé.
De cabeza y de certeza,
de corteza,
dura y resistente
excusa para la simpleza.

Lo sé.
Caminar más abajo
sentir más profundo
emocionar más adentro,
contigo, Señor.
Desmantela mi corazón
para la inquietud
de tu amor en mí.
Lo sé.

David Cabrera, SJ

Puntos de la tarde
El horizonte de toda esperanza cristiana

¡Que la oración, por dentro, purifique los pensamientos agitados! ¡Y que la fe purifique también los sentidos exteriores! ¡Y que el hombre que, siendo uno, se ha dividido en dos, se reúna, Señor, y sea de nuevo uno en tu presencia!

(San Efrén el Sirio)

En este tiempo, la oración puede ser de repetición. Acostumbrarnos a no pasar de largo por las cosas. Y es que el propio proceso de Ejercicios a la ignaciana es un proceso de profundizar en este misterio que supone Dios para nosotros y en nuestra misma realidad. Por eso, en esta tarde puedes orar en la misma melodía de la mañana. Acoger nuestra pertenencia con un único horizonte. El de la esperanza cristiana. La realidad teologal de todo ser humano es que somos salvados por Cristo. En él, encontramos la esperanza que nos permite caminar hacia delante a pesar de nuestras fragilidades y debilidades. La felicidad, en cristiano, pasa por acoger este profundo deseo de Dios en nosotros. Puede ayudarte este texto:

«¡Cuantas veces queremos volver a escuchar un disco que nos gusta! O volver a ver aquella película y revisar aquellos detalles que se perdieron en una primera visión. O volver a encontrar a aquel amigo porque con una sola conversación no tuvimos bastante y había algunas cosas que quedaron sin matizar. Esta es la base humana de lo que san Ignacio llama oración de repetición. Consiste en volver a repetir una oración. Nunca puede ser idéntica. Nunca son iguales dos conversaciones, aunque sean sobre el mismo. tema. Hay dos razones para repetir:

1. Porque me ha ido bien: Me he sentido en paz y con gozo. ¿Qué me quiere decir el Señor a través de esa consolación?

2. Porque he tenido alguna dificultad: Debido al momento personal, a la temática, al horario ... Y quiero volver y descubrir la raíz de la dificultad. ¡Dios también habla a través de los momentos difíciles!

Como todas las oraciones que hemos visto, la «repetición» también incluye los tres momentos: a) preparación, b) oración, c) examen[2]».

---

[2] Cf. Pere BORRÁS, SJ, *Orar con san Ignacio de Loyola*, CIJ, 1990.

Nos puede acompañar una petición que sea capaz de expresar el deseo de nuestro corazón y aquello que queremos pedirle al Señor: concédenos la gracia de tu esperanza. Esto puede ser la música de fondo que se vaya transformando en un mantra que nos permita entrar en el dinamismo de estos Ejercicios. Recibir de Dios su esperanza.

Puede ayudar, al comienzo de nuestra oración, volver a orar en torno a las imágenes de Dios que acompañan nuestra propia historia de salvación. Al ser invitados a vivir de forma más enraizada en la esperanza cristiana, como virtud teologal, nos ayudaría hacernos consciente del Dios que acompañó a su pueblo a lo largo de la peregrinación hacia la tierra prometida.

¿Qué Dios sale a nuestro encuentro? ¿Qué Dios viene a consolarnos? ¿Qué Dios nos trae la esperanza?

1. Dios como un fuego que consume, que abrasa, prendido a los huesos.

   «Me sedujiste, Señor, y me dejé seducir; me forzaste, y me violaste. Yo era motivo de risa todo el día, todos se burlaban de mí. Si hablo, es a gritos, clamando: ¡violencia, destrucción! La Palabra del Señor se me volvió escarnio y burla constantes, y me dije: no me acordaré de él, no hablaré más en su nombre. Pero la sentía dentro como fuego ardiente encerrado en los huesos: hacía esfuerzos por contenerla y no podía» (Jr 20,7ss).

   El hombre poseído de Dios, nota su presencia muy cercana en su vida. Dios lo domina, él ya no es dueño de sí.

2. Dios Criador y Señor; se comunica al hombre y lo dispone para su servicio. Todo lo bueno que hay en el hombre tiene que estar en Dios.

«Porque desde la creación del mundo las cualidades invisibles de Dios, es decir, su eterno poder y su naturaleza divina, se perciben claramente a través de lo que él creó» (Rom 1,20).

Dios se dice a cada ser humano, se expresa en todas las cosas criadas (cfr. Gn 1). El hombre vive la esperanza del encuentro del Señor, que, desde la bondad, moviliza su corazón para la entrega y la vida.

3. No agotaremos nunca el proceso de esculpir a Dios en nuestra vida. Si hay algo claro, es que el amor de Dios no se echa atrás. Dios nos cala, nos conoce por nuestro nombre, está más dentro de nosotros que nosotros mismos.

«Como bajan la lluvia y la nieve del cielo, y no vuelven allá, sino que empapan la tierra, la fecundan y la hacen germinar, para que dé semilla al sembrador y pan para comer, así será mi Palabra, que sale de mi boca: no volverá a mí vacía, sino que hará mi voluntad y cumplirá mi encargo» (Is 55,10-11).

Dejar que la gracia de Dios, en su Amor, se cuele en nuestra vida, por cada una de las rendijas de la existencia vital. Lo contagia todo y lo llena de vida.

Hay una única esperanza, la de Jesús y la salvación. Puede ayudar hacer en primera persona este texto sobre las grandes esperanzas:

Grandes esperanzas[3]

Anhelo, sed, expectación. Eso es lo que nos invade cuando sentimos que se aproxima algo que deseamos de veras. Tiempo para los grandes sueños. Solo los mediocres o los desesperados renuncian a soñar. Pues bien, si nos asalta la rendición, es tiempo de nuevo para alzar la cabeza, mirar a lo lejos, bien fuera, bien dentro. Dejar que resuene como una promesa el grito de un Dios que atraviesa el tiempo para decirnos: «Se acerca vuestra liberación».

A) «Cuando empiece a suceder esto, levantaos, alzad la cabeza, se acerca vuestra liberación» (Lc 21,28).

Esperamos con ganas, con deseo. Esperamos, pero no sentados, sino muy vivos. Miramos alrededor. Buscando… el bien para nosotros y para otros. Escuchando tu palabra y las palabras de quienes están cerca. Esperamos, sin desesperar. Conscientes de que estás cerca, de que hay que aprender a descubrirte. Con la ilusión renacida de quien escucha otra vez un anuncio deseado. Te necesitamos, y por eso ahí va un grito, una plegaria, un canto: «Ven».

¿Cómo quiero vivir yo este tiempo? ¿Cuál es mi horizonte? ¿Qué hay en mi vida de búsqueda, sueño, anhelo, deseos… vinculado a Dios?

B) «El Señor me ha enviado para dar la buena noticia a los que sufren, para vendar los corazones desgarrados, para proclamar la amnistía a los cautivos y a los prisioneros la libertad…» (Is 61,1-2).

Se acercan el amor, los motivos, la presencia que una vez más ha de llenar nuestro horizonte. Viene la

---

[3] *Online*: https://loyol.ink/kuc92

palabra que pondrá sentido en el día a día. Quizás te nos harás un poco más visible. Vencerá el perdón... Resonará muy dentro una canción que ha de despertar oleadas de júbilo. Se pronunciará una palabra que será la mejor herramienta. El ritmo de los días volverá a ser danza. Venceremos el miedo a vivir. El abrazo será hogar, y habitarás nuestra oración. Y lo sorprendente es que todo eso que viene en realidad ya está aquí. El germen crece imparable.

¿En qué se concreta en mí la promesa de Dios? ¿Qué espero o deseo de verdad? ¿Cuál es la buena noticia en la que creo?

Al orar nuestra vida como peregrinaje, en la clave de la esperanza, hay un discurso de Jesús en el monte, junto con sus discípulos, rodeado de muchas personas, que puede ayudarnos a acoger este misterio de la felicidad. Se trata de las Bienaventuranzas (Mt 5,1-12):

«Al ver a la multitud, subió al monte. Se sentó y se le acercaron los discípulos. Tomó la palabra y los instruyó en estos términos:₃ Dichosos los pobres de corazón, porque el reinado de Dios les pertenece. Dichosos los afligidos, porque serán consolados. Dichosos los desposeídos, porque heredarán la tierra. Dichosos los que tienen hambre y sed de justicia, porque serán saciados. Dichosos los misericordiosos, porque serán tratados con misericordia. Dichosos los limpios de corazón, porque verán a Dios. Dichosos los que trabajan por la paz, porque se llamarán hijos de Dios. Dichosos los perseguidos por causa del bien, porque el reinado de Dios les pertenece. Dichosos vosotros cuando os injurien, os persigan y os calumnien de todo por mi causa.

Estad alegres y contentos pues vuestra paga en el cielo es abundante. De igual modo persiguieron a los profetas que os precedieron».

Estas palabras de Jesús marcan no solo quién es el Señor, sino que son para nosotros el verdadero horizonte. En ellas, Dios se muestra en Jesús, haciéndonos caer en la cuenta de cómo es y cómo quiere que nosotros vivamos. Las podemos meditar, volver a ellas es volver a las fuentes de nuestra felicidad. Podemos orarlas cómo un horizonte en el que mantenernos felices.

Al final de la oración, san Ignacio propone hacer el coloquio. Un tiempo final en el que recapitular en diálogo con el Señor, con María, con el Padre… ¿qué ha iluminado la oración, qué palabra toca el corazón? En nuestro caminar, en el día a día desde mi realidad, ¿tengo presente mi horizonte? ¿Pierdo perspectiva? ¿Rutina no habitada, mediocridad…? Terminar con un padrenuestro. Es la oración y la palabra de Jesús.

También, te ofrecemos, dos textos en forma de oración-poema, que pueden ser de ayuda como recurso para terminar la oración de este día. Ambas nos sitúan en el deseo de la esperanza como horizonte de vida:

Mi nombre en tus labios

> Escuché de ti mi nombre
> como nunca antes.
> No había en tu voz reproche
> ni condiciones.

Mi nombre, en tus labios,
era canto de amor,
era caricia, y pacto.
Con solo una palabra,
estabas contando mi historia.
Era el relato de una vida,
que, narrada por ti
se convertía en oportunidad.

Descubrí que comprendías
los torbellinos de siempre,
las heridas de antaño,
las derrotas de a veces,
los anhelos de ahora,

y aún sin saber del todo
en qué creía yo,
tú creías en mí,
más que yo mismo.

Así, mi nombre
en tus labios
rompió los diques
que atenazaban
la esperanza.

José María R. Olaizola, SJ

Yo me atengo a lo dicho

Yo me atengo a lo dicho:
la justicia,
a pesar de la ley y la costumbre,
a pesar del dinero y la limosna.

o 57 o

La humildad,
para ser yo, verdadero.
La libertad,
para ser hombre.
Y la pobreza,
para ser libre.
La fe, cristiana,
para andar de noche,
y, sobre todo, para andar de día.
Y, en todo caso, hermanos,
Yo me atengo a lo dicho:

¡la esperanza!

Pedro Casaldáliga

Anclados en la desesperanza

**Puntos de la mañana
Lo que el mundo nos dice, lo que yo me digo.
Pecado y misericordia**

Huye de nosotros, en efecto, para que se encienda en deseo nuestra pesadez, y corra tras su belleza; para hacernos crecer con esa sabia carrera, pues nuestra sabiduría consiste en correr tras el Bueno. Y si nos quedamos retrasados debido a nuestras pocas fuerzas, él se pone a correr tras de nosotros con su gracia, de modo que, igual que huía para ayudarnos, ahora corre para alcanzarnos y darnos la libertad.

(San Efrén El Sirio)

Es real que todos estamos en camino y que, la vida en sí misma, puede convertirse en un peregrinaje. De hecho, una de las imágenes más ricas de la fe es concebirnos en camino. Así lo contemplamos en el Evangelio, desde los inicios de su vida pública, Jesús está recorriendo todos los caminos de Galilea. Este es, para nosotros, el sentido verdadero de una vida cristiana que nos invita a vivirnos en salida. El horizonte lo tenemos ahora más claro: esa esperanza en la pertenencia y en la promesa de Dios. Pero, al mismo tiempo, tenemos que hacernos conscientes de nuestra pobreza y de nuestra limitación; en cristiano, de nuestro pecado. No cabe duda del amor de Dios y de su misericordia en nuestra vida. Pueden ayudar estas palabras de Francisco para ambientarnos en lo que queremos vivir en el día de hoy:

«Jesucristo es el rostro de la misericordia del Padre. El misterio de la fe cristiana parece encontrar su síntesis en esta palabra. Ella se ha vuelto viva, visible y ha alcanzado su culmen en Jesús de Nazaret. El Padre, "rico en misericordia" (Ef 2,4), después de haber revelado su nombre a Moisés como "Dios compasivo y misericordioso, lento a la ira, y pródigo en amor y fidelidad" (Ex 34,6) no ha cesado de dar a conocer en varios modos y en tantos momentos de la historia su naturaleza divina. En la "plenitud del tiempo" (Gal 4,4), cuando todo estaba dispuesto según su plan de salvación, él envió a su Hijo nacido de la Virgen María para revelarnos de manera definitiva su amor. Quien lo ve a él ve al Padre (cfr. Jn 14,9). Jesús de Nazaret con su palabra, con sus gestos y con toda su persona revela la misericordia de Dios.

Siempre tenemos necesidad de contemplar el misterio de la misericordia. Es fuente de alegría, de serenidad y de paz. Es condición para nuestra salvación. Misericordia: es la palabra que revela el misterio de la Santísima Trinidad. Misericordia: es el acto último y supremo con el cual Dios viene a nuestro encuentro. Misericordia: es la ley fundamental que habita en el corazón de cada persona cuando mira con ojos sinceros al hermano que encuentra en el camino de la vida. Misericordia: es la vía que une Dios y el hombre, porque abre el corazón a la esperanza de ser amados para siempre no obstante el límite de nuestro pecado» (*Misericordiae vultus*, 1-2).

Podemos orar el pecado en nuestra vida y en el mundo de hoy, sin perder el foco original del Amor de Dios. Convirtamos en petición este deseo, pidamos al Señor esta gracia: *Señor que pueda ver lo que me separa de ti, que me afecte y genere en mí deseos de conversión.*

Es muy importante, para la oración de hoy, poder enfocar bien lo que se pretende. No siempre nos mantenemos en el horizonte deseado. No somos tan ingenuos como para pensar que no hay pecado en nuestra vida. El motivo de la oración de hoy no está en la lista de nuestros pecados, sino en la conciencia de que somos pecadores. Deseamos vivir esta conversión a la que nos invita el Jubileo de la Esperanza, pero «la conversión exige el reconocimiento del pecado, supone el juicio interior de la propia conciencia, y este, puesto que es la comprobación de la acción del Espíritu de la verdad en la intimidad del hombre, llega a ser al mismo tiempo el nuevo comienzo de la dádiva de la gracia y del amor: "Recibid el Espíritu Santo". Así, pues, en este "convencer en lo referente al pecado" descubrimos una "doble dádiva": el don de la verdad de la conciencia y el don de la certeza de la redención. El Espíritu de la verdad es el Paráclito» (Juan Pablo II, *Dominun et vivificantem*, 31). Estamos llamados a descubrir este pecado, mirando nuestro interior, donde habita el Espíritu de Dios. Será fundamental tener de nuevo el enfoque del horizonte: somos salvados por la esperanza de un Dios bueno. Pero nuestra vida no siempre está en esa sintonía del amor, vivimos agrietados por la perversión de modos de amar, de ser, de vivir que nos alejan del sueño de Dios sobre nosotros.

San Ignacio de Loyola en sus *Ejercicios* nos propone una metodología para la oración. Es importante para él tener método. No porque garantice el éxito, porque nunca se puede medir la oración, pero en su experiencia probada con la práctica en sí mismo y en otros a los que les daba los Ejercicios, comprobó que tener un modo y un orden en el que realizar la oración ayudaba[1].

Estructura o guion de la oración ignaciana

1. Preparación de los puntos (*Ej* 228). El comienzo de la oración ha de ser cuidado, por esto, hay que preparar antes de llegar al lugar en el que vas a orar, la materia, el modo y orden, de cómo vas a rezar. Es propio y suele pasar que si no preparamos la oración vamos a ella desprevenidos y, en muchas ocasiones, excesivamente distraídos.

2. De pie, tomo conciencia de que Dios me mira y hago una reverencia (*Ej* 75). Comienzo ya la oración haciéndome consciente de la importancia de que mi mirada interior conecte con la mirada de Dios sobre mí. Y que pueda expresar tal amor de Dios en su mirada, con mi propio cuerpo. ¿Cómo mostrar de forma sencilla este amor? Una simple inclinación de respeto y de reverencia, puede bastar para expresar la devoción de ponerme delante de un Dios amoroso.

3. Incorporación del cuerpo, eligiendo una sola postura (*Ej* 76). Oramos con el cuerpo y por eso es importante en la oración cuidar mucho qué postura voy a usar que me permita estar en quietud para la oración.

---

[1] Puede ayudar a comprender el modo y orden de la oración ignaciana: David CABRERA, SJ, Montse CHÍAS, ACI, Sergio GARCÍA, SJ y Ovidio MENÉNDEZ, *Ejercicios espirituales ignacianos, una experiencia para jóvenes (y no tan jóvenes) de nuestro tiempo,* Sal Terrae, Santander 2024[2], 59-60; 66-69.

Sentados, reposados, a gusto para poder orar sin las molestias de posturas incómodas. Al mismo tiempo, como sabemos, ayuda respirar suave y hondamente, para entrar en esa quietud interior y serenidad que nos facilite estar con Dios en oración.

4. Oración preparatoria (*Ej* 46). San Ignacio desea que, al comienzo de cada oración, a partir de este momento, nos recordemos nuestro horizonte como cristianos. Por este motivo, nos pedirá que entremos en la presencia de Dios pidiéndole una gracia especial: que todas las intenciones, acciones y operaciones estén puramente ordenadas a él. En el fondo, pedimos que toda nuestra vida, toda, esté orientada a Dios.

5. Preámbulos:

* *Traer la historia.* Lectura tranquila y reposada de la Escritura o de la materia que voy a meditar. Me hago consciente del *tema* de la oración.

* *Composición viendo el lugar* (incorporar la imaginación). Ver la escena que voy a contemplar. Situarme en ella. Tengo que componerme en un lugar imaginario que me permita permanecer y perseverar en la oración. Es proponer el escenario donde se dará el encuentro con el Señor. Recurso útil cuando estoy en la oración, y acuden a mí las distracciones interiores en forma de pensamientos intrusivos, volver a este lugar para situarme de nuevo ahí.

* *Petición.* Cada oración tendrá una petición particular que se centra en el fruto que queremos obtener o la gracia de Dios que necesitamos según esa materia que estamos orando. Es importante que la petición se convierta en un cierto mantra a

lo largo de la oración e incluso del día en el que estamos de los Ejercicios. Aunque sea dada, es evidente, que necesita la reformulación del propio sujeto, la adaptación a sí mismo. Tal y como aparece en los *Ejercicios*: lo que quiero y deseo.

6. Puntos.

- «*En el punto en el cual hallare lo que quiero ahí me reposaré, sin tener ansia de pasar adelante hasta que me satisfaga*» (*Ej* 76). Los puntos son propiamente la materia para la oración. Los diferentes acentos que nos ayuden a orar. No conviene correr ni pasar adelante, en clave consumista de palabras, sino ser capaces de entrar en el ritmo lento y repetido de las cosas esenciales. Los puntos serán dados.

- «*Reflectir para sacar algún provecho de cada cosa de estas*». En la misma oración, en el encuentro, tenemos que estar atentos para poder formular lo que tiene que ver con nosotros la materia que estamos orando. A esto apunta la acción de reflectir, que no debe ser igual a reflexionar, sino dejarnos cuestionar por lo que oramos con el trasfondo de la luz: ¿qué se ilumina de nosotros? ¿Qué me toca más el corazón porque tiene que ver conmigo y con mi vida?

7. Coloquio con el Señor «*como un amigo habla a un amigo*» (*Ej* 54 y *Ej* 199). Es importante, igual que cuidamos el inicio de la oración, cuidar su final. No hay que levantarse precipitadamente del lugar cuando vemos que el tiempo se ha terminado. Seamos capaces de generar un diálogo final con el Señor para recapitular lo vivido y lo sentido.

8. Examen de la oración (*Ej* 77). No se trata de puntuar numéricamente la oración ni valorar si ha ido bien o mal. Es más bien un ejercicio posterior a la oración, para ahondar en lo que ha sucedido. El examen de la oración es un ejercicio de lucidez, porque pretender hacer consciente de lo que ha sucedido en la oración a aquel que ha estado orando. Aquí algunas ayudas:

El examen de la oración es de suma importancia. Lo debes hacer siempre, pues aquí radica el éxito de tu encuentro con Dios, en cuanto de ti depende. Es muy aconsejable escribir los resultados de cada oración de acuerdo con las siguientes pautas[2]:

1. Fijándose en los aspectos externos.
   - ¿Fuiste fiel al tiempo que te habías propuesto?
   - ¿El lugar que escogiste te sirvió para tu oración (concentración)?
   - ¿Empezaste la oración con algún ejercicio de relajación o distraído/a?
   - ¿La postura corporal te ayudó para el diálogo con Dios?
   - ¿El silencio exterior e interior funciona bien en ti? ¿Te es fácil, difícil…?
   - ¿Otros aspectos exteriores que te ayudan o te dificultan en la oración?

2. Fijándose en los aspectos internos.
   - ¿Qué fue lo que más te ha llamado la atención?
   - ¿Cómo te fue en tu conversación con Dios: aburrida, alegre, indiferente?
   - ¿Qué sentimientos o luces primaron en tu oración?

---

[2] *Ibid.*, 61.

- Por medio de la oración ¿estás adquiriendo los frutos del Espíritu: confianza, amor, alegría, paz bondad, comprensión de los demás, mansedumbre, dominio de ti misma…? ¿Sí? ¿No? ¿Por qué?
- ¿Qué vas viendo que quieres ofrecer a Dios?
- ¿En qué debes insistir en tu próximo encuentro con Dios?
- ¿Alguna dificultad especial?

Hay personas que viven ancladas en la desesperanza. Podemos recordar tantas cargas pesadas y tantos fardos como en la vida caen sobre nuestros hombros impidiéndonos ver ese horizonte de ser salvados por Cristo. Acoger la ternura no siempre es fácil. Vivir de la esperanza no siempre es automático. Hay una escena en la película *La Misión* (1986, dirigida por Roland Joffé) donde presenciamos a un joven Robert de Niro que interpreta al capitán Rodrigo Mendoza, cargado con el peso de sus armas, aquello que representa el pecado, la culpa, el malestar de la vida pasada, subiendo montes y atravesando ríos, hasta que por fin se permite soltarlo, porque un indio de aquellas tribus del Amazonas se acerca a él y lo libera. Bien podría representar a muchos de nosotros. Tanta gente se vive encerrada en culpas estériles que no permiten avanzar en la vida con la experiencia de un corazón esponjado en la confianza y la fe de la esperanza cristiana. Así aparece también en aquel encuentro entre Jesús y la mujer encorvada (Lc 13,10-17). Una mujer que no tiene horizonte, sino que anda encorvada por el peor de los espíritus que impiden mirar con más gloria, alegría y esperanza. Por eso, llegados aquí, podemos orar poniendo nuestra vida en las manos de Dios.

La petición que nos puede acompañar es la que el mismo Ignacio pone en los *Ejercicios*: «*pedir vergüenza y confusión*» por mis pecados, que pueda afectarme por aquello que me daña como criatura, por lo que me roba la esperanza, y que sienta la distancia que se genera entre el Creador y la criatura (*Ej* 48).

Para poder orar este día, el imaginario que ofrecemos es el del barro. «En polvo eres y en polvo te convertirás» (Gn 3,19). Así la Escritura nos recuerda que somos polvo y que ese polvo aparece de ese barro del que venimos. Esta poderosa imagen nos hace conectar con nuestra fragilidad y debilidad más humana. En Adán, en el que todos los seres humanos podemos reconocernos en nuestra humanidad, fue creado del barro (Gn 2,7). Orar con esta imagen, es sentirnos en esas manos de Dios que moldean nuestra frágil realidad humana (Jr 18).

Algunas ayudas para la oración

1. *¿De dónde procede la esperanza cristiana?* «La esperanza efectivamente nace del amor y se funda en el amor que brota del Corazón de Jesús traspasado en la cruz: "Porque si siendo enemigos, fuimos reconciliados con Dios por la muerte de su Hijo, mucho más ahora que estamos reconciliados, seremos salvados por su vida" (Rom 5,10). Y su vida se manifiesta en nuestra vida de fe, que empieza con el Bautismo; se desarrolla en la docilidad a la gracia de Dios y, por tanto, está animada por la esperanza, que se renueva siempre y se hace inquebrantable por la acción del Espíritu Santo»[3]. Nos

---

[3] *Spes non confundit*, 3.

toca volver a ese amor de Dios que moldea nuestra vida y por el que, a pesar de nuestros pecados, somos salvados una y otra vez. Es inquebrantable, no hay nada, por muy agrietado que esté, que pueda destruir la gracia que recibimos como bautizados.

o Medita Jeremías 18,1-10, baja al encuentro del Alfarero, y descúbrete como barro agrietado, duro, resistente…; cómo nuestro pecado nos va resquebrajando y debilitando en vivir desde la esperanza. Arrancar, derribar y destruir son los verbos usados que nos vinculan a esta realidad: el pecado nos daña.

o San Ireneo habla de la creación del ser humano recordando a Adán, como el hombre de barro[4]: las manos son el Señor y el Espíritu, el Padre es el Creador de todo. Nosotros somos el barro. ¿Qué tiene que hacer el barro? Nada. Dejarse moldear. Necesita el agua que es justo esa divinidad que todo ser tiene. Adentrarse en esta forma de vernos, da esperanza. Saber que somos vivificados, reconciliados en un Dios que se implica con nosotros.

2. *Vasijas de barro* (2 Cor 4,7-12). Puedes meditar esta palabra de Pablo a la comunidad de Corinto, donde nos recuerda, que, aunque somos de barro y, por tanto, frágiles, llevamos dentro de nosotros esa gracia de la esperanza y del amor de Dios que nos hace capaces de seguir adelante y no ser destruidos. Es cierto que todos vivimos los ataques del mal, que somos tentados y dañados por

---

[4] Cfr. IRENEO DE LYON, *Adversus Haereses*, versión digital en https://loyol.ink/lce4s

el pecado del mundo, de los otros, incluso por el nuestro propio, pero no podemos olvidar que con nosotros camina Jesús, y que su vida, se manifiesta en nuestra vida. ¿Cuáles son las fuerzas que me debilitan? ¿Conecto con mi tesoro interior que me aviva esperanzadamente?

3. De otro modo, podemos mirar a Jesús, creador de atmósfera de aceptación incondicional, en la que es posible afrontar el pecado, porque mira con amor y con misericordia.

Adaptar la historia de Zaqueo a nuestro modo de vida cotidiano para captar la extraordinaria actitud de Jesús: Lc 19,1-10.

- o Zaqueo, importante recaudador de impuestos que había hecho fortuna como colaborador del odiado ocupante romano. Era culpable de traición, a costa de su pueblo y en su propio beneficio.
- o Ahora, quería ver a Jesús. ¿Deseos de vivir de otro amor?
- o La actitud de Jesús: su amor es siempre incondicional y, precisamente porque acepta a los otros como son sin reservas, les permite cambiar con libertad.
- o Los que observan la invitación: los fariseos y los judíos de bien son incapaces de no criticar y de no hacer juicio… el «no se lo merece» está en el ambiente.
- o La confesión de la culpa de Zaqueo solo es posible si uno se siente verdaderamente amado, reconocido y perdonado. Pecar es abusar del amor recibido, y solo cuando creemos o presentimos que ese amor es mayor que cualquier condena y culpa, podemos afrontarla con valor y verdad.

Acoge las palabras del salmista, para sentir y gustar ese perdón que solo podemos recibir de Dios: «*En ti está el perdón, y de él vivimos*» (Salmo 130,4). Nos vivimos continuamente del amor y del perdón de Dios.

Vivir el perdón (Hno. Roger de Taizé)

«Dios nunca jamás podría ser torturador de la conciencia humana. Él pone nuestro pasado en el corazón de Cristo y se ocupa de nuestro futuro. Si nos empeñáramos en amar a Dios por temor, eso no sería amarle. Dios nos llena de compasión. Teje nuestra vida, como si se tratara de un precioso traje, con los hilos de su perdón. La certeza de perdón es una de las más ricas realidades del Evangelio (Col 2,13). Nos hace verdaderamente libres. La contemplación de su perdón se convierte en un resplandor de bondad en el corazón sencillo que se deja llevar por el Espíritu Santo. ¿Por qué nos detenemos tanto en lo que nos duele y en lo que hace sufrir a los otros? Ya conoces lo que dijo uno de los primeros testigos de Cristo: "Aunque nuestro corazón nos condene, Dios es más grande que nuestro corazón" (1 Juan 3,20). Cristo nunca te empuja a encerrarte en ti mismo, sino al humilde arrepentimiento de tu corazón. ¿Y qué significa esto? Sencillamente, un impulso de confianza que te lleva a arrojar en su corazón todas tus faltas. Y una vez liberado, podrás vivir intensamente el momento presente, sin desánimos, porque te sabes perdonado. Vivir del perdón te da la posibilidad de superar las situaciones difíciles como el agua de un arroyo se hace camino al principio de la primavera, cuando la tierra está aún cubierta de hielo. Perdonando puede cambiar nuestro corazón. Debemos alejar de nosotros cualquier tipo de intransigencia de juicios duros, para dejar paso a una infinita bondad. Solo a partir de ahí estaremos capacitados para comprender al otro, sin necesidad de ser comprendidos».

Puntos de la tarde
Examinarse con esperanza

Cuando el seno se niega a dar a luz, son dos muertes. Tampoco mi palabra, Señor, se reservará mi fe, para que esta no perezca y aquella no se extinga, y una por otra parezcan las dos juntas.

(San Efrén el Sirio)

Cualquier de nosotros se puede reconocer en su vida haciendo muchos exámenes. El riesgo y el peligro del tentador está en examinarnos con la conciencia de «dar la talla» o «ponernos notas». No podemos ponernos delante de Dios con esta motivación. Nunca seremos tan perfectos cumplidores que alcancemos por nosotros mismos la salvación. Somos salvados siempre por Cristo. La metodología ignaciana apunta al examen como un modo de orar. No para puntuarnos en cómo vivimos nuestra vida cristiana, sino para agradecer, para reconocer su presencia en nuestra vida, para poner nombre a nuestro pecado y dar empuje al siguiente paso (*Ej* 43). Para el día de hoy te invitamos a examinar tu esperanza. Es tradicional en la Iglesia, examinar nuestra conciencia para poder prepararnos a vivir el sacramento de la reconciliación. Sin embargo, podemos, desde esta iniciativa, acercarnos a las preguntas básicas que nos podemos formular desde nuestra fe:

1) ¿Qué me separa del amor de Dios? (Rom 8,35-37)
2) ¿Qué me impide vivir plenamente el modo de Jesús en mi vida?
3) ¿Qué quiero en realidad en mi vida?

Cada una de ellas, servirían para ponerse delante del Señor y, con la luz del Espíritu, dejarnos cuestionar por él. San Ignacio en los *Ejercicios* nos propone:

> «Coloquio. Imaginando a Cristo nuestro Señor delante y puesto en cruz hacer un coloquio: cómo de Criador es venido a hacerse hombre y de vida eterna a muerte temporal, y así a morir por mis pecados. Otro tanto, mirando a mí mismo, lo que he hecho por Cristo, lo que hago por Cristo, lo que debo hacer por Cristo; y así, viéndole tal, y así colgado en la cruz, discurrir por lo que se ofreciere» (*Ej* 53).

Puesto delante del Señor crucificado, puedes dejarte iluminar, desde su entrega radical por amor, en cómo estás viviendo tu vida. Preguntarte si realmente estás contagiado de la esperanza del Crucificado. Hay una adaptación musical a este texto ignaciano que te puede ayudar en este día como otro modo de orar:

Coloquio (canción de Cristóbal Fones, SJ)[5]

> Ante ti, mi Señor crucificado,
> me pregunto qué he hecho yo por ti, Señor.
> Qué es lo que hago yo por ti.
> Qué haré por ti.
> Qué haré por ti, mi Dios clavado en cruz.

---

[5] Ver *online* en: https://cfones.cl/canciones/coloquio/

Por qué siendo tú el Creador
has venido a nuestra carne;
de vida eterna te has hecho frágil
hasta morir en la cruz.
Por qué siendo eterno Verbo de Dios,
poderoso y lleno de gloria,
eliges ser una ofrenda
por amor a mí, un pecador. (bis)

Ante ti, mi Señor crucificado,
me pregunto qué he hecho yo por ti, Señor
Qué es lo que hago yo por ti.
Qué haré por ti.
Qué haré por ti, mi Dios clavado en cruz
Qué es lo que hago yo por ti.
Qué haré por ti.
Qué haré por ti, mi Dios clavado en cruz.
Qué es lo que hago yo por ti.
Qué haré por ti.
Qué haré por ti, mi Dios clavado en cruz.

También se puede orar en este día, acogiendo estas palabras del papa Benedicto XVI, (*Homilía en la misa de la Cena del Señor*, 1 de abril de 2010). Recíbelas como una invitación a examinar la vida vivida desde la esperanza cristiana:

«El Señor nos pregunta: ¿vives gracias a la fe, en comunión conmigo y, por tanto, en comunión con Dios? ¿O acaso no vives más bien para ti mismo, alejándote así de la fe? ¿Y no eres así tal vez culpable de la división que oscurece mi misión en el mundo, que impide a los hombres el acceso al amor de Dios?».

Es importante recordarnos que no buscamos solo el afectarnos por el pecado ni la lucidez de desenmascarar el mal en nosotros mismos. Pidamos también la gracia del don de lágrimas por el pecado y el sentirnos amados con misericordia. Recibimos de Dios, a través de su Espíritu, este don: *ser pecadores perdonados llenos de esperanza y amor.*

San Pablo en la Carta a los Romanos nos recuerda que la esperanza nunca defrauda (Rom 5,5) Por tanto, a nosotros cristianos, se nos invita a vivir de forma particular la esperanza bajo el prisma de aquello que no defrauda porque nos vivimos enraizados en el amor de Dios:

> «En efecto, el Espíritu Santo, con su presencia perenne en el camino de la Iglesia, es quien irradia en los creyentes la luz de la esperanza. Él la mantiene encendida como una llama que nunca se apaga, para dar apoyo y vigor a nuestra vida. La esperanza cristiana, de hecho, no engaña ni defrauda, porque está fundada en la certeza de que nada ni nadie podrá separarnos nunca del amor divino: "¿Quién podrá entonces separarnos del amor de Cristo? ¿Las tribulaciones, las angustias, la persecución, el hambre, la desnudez, los peligros, la espada? [...] Pero en todo esto obtenemos una amplia victoria, gracias a aquel que nos amó. Porque tengo la certeza de que ni la muerte ni la vida, ni los ángeles ni los principados, ni lo presente ni lo futuro, ni los poderes espirituales, ni lo alto ni lo profundo, ni ninguna otra criatura podrá separarnos jamás del amor de Dios, manifestado en Cristo Jesús, nuestro Señor" (Rom 8,35.37-39). He aquí por qué esta esperanza no cede ante las dificultades: porque se fundamenta en la fe y se nutre de la caridad, y de este modo hace posible que sigamos adelante en la vida. San

Agustín escribe al respecto: "Nadie, en efecto, vive en cualquier género de vida sin estas tres disposiciones del alma: las de creer, esperar, amar"»[6].

En nuestra vida cristiana qué importante es para nosotros volver a esa pregunta de san Pablo a los romanos: «¿Qué me separa del amor de Dios?» (Rom 8,35-39). Es un puro ejercicio de conciencia lúcida donde nos atrevemos a hacernos conscientes de aquello que nos separa del Amor creador y salvador de Dios. Puedes meditar esta pregunta, dejando que surja aquello que en tu vida te separa: pensamientos, palabras, obras u omisión. Y, puedes también dar un paso más. Mirar la realidad que habitas y el mundo en el que estamos. Para muchos esta pregunta no tendrá sentido ni fundamento, pero para quién desea vivir la esperanza cristiana en su mayor plenitud, debe ser capaz de conocer y aborrecer (*Ej* 63) aquello que es dinámica y estructura del mal en el mundo. ¿Qué dinámicas mundanas te separan del amor? ¿Qué elementos del mundo y de su estructura apagan la esperanza de vivirse centrado en Dios?

¿Te has sentido alguna vez perdonado y amado? Una de las experiencias espirituales más fuertes es el perdón desde la inmensa misericordia de Dios. El papa Francisco nos animaba en el Año de la Misericordia: «Hay momentos en los que de un modo mucho más intenso estamos llamados a tener la mirada fija en la misericordia para poder ser también nosotros mismos, signo eficaz del obrar del Padre» (*Misericordiae vultus*, 3). Para que estos Ejercicios sean también un tiempo de sentir y vivir esta misericordia te proponemos hacer este ejercicio orante:

---

[6] *Spes non confundit*, 3.

Examinar desde la misericordia

a) ¿Qué me separa de mí mismo, de mi ser criatura?

- ¿Me comparo más de lo que debería? ¿Me bloquea querer dar la talla?
- ¿Tengo heridas de inseguridad o desconfianza?
- ¿No me acepto humano e imperfecto?
- ¿Pretendo ser autosuficiente y negar mi necesidad de los otros y de Dios?

La misericordia del Señor, cada día cantaré...
(Salmo 89)

b) ¿Qué ley del sábado me mantiene separado del amor?

- ¿Hay algún orgullo o arrogancia que me impida dejarme querer y acoger por Dios y por los otros?
- ¿Me he instalado o dejado de instalar en algún derrotismo que impida una vida plena? ¿Alguna herida que me mantenga como quebrado y derrotado?

La misericordia del Señor, cada día cantaré...
(Salmo 89)

c) ¿Impido a otros vincularse más al amor?

- ¿A quién me cuesta aceptar y querer? ¿Soy especialmente duro con alguien que parece más débil o distinto?
- Reviso las durezas de mi corazón que me hacen estar a la defensiva y no cercano a los que sufren, reviso mis imposiciones y rigideces que impiden a los demás acercarse.

La misericordia del Señor, cada día cantaré...
(Salmo 89)

d) ¿Me alegro con este Dios de Jesús que libera la vida?

- ¿Miro a Dios con miedo o le dejo restaurar mi confianza? ¿Me atrevo a dejarme mirar?
- ¿Creo en el verdadero Dios que se acerca siempre con ternura y misericordia? ¿Me he inventado otros dioses que nunca liberan?

La misericordia del Señor, cada día cantaré...
(Salmo 89)

Sabemos que la esperanza no cede ante las dificultades: porque se fundamenta en la fe y se nuestra en la caridad; de este modo hace posible que sigamos adelante en la vida. San Agustín: «Nadie, en efecto, vive en cualquier género de vida sin estas tres disposiciones del alma: las de creer, esperar, amar». Puedes orar desde el relato de Lc 19,41-44, la lamentación por Jerusalén.

«Al acercarse y divisar la ciudad, dijo llorando por ella: "Si también tú reconocieras hoy lo que conduce a la paz. Pero eso ahora está oculto a tus ojos. Te llegará un día en que tus enemigos te rodearán de trincheras, te sitiarán y te cercarán por todas partes. Te derribarán por tierra a ti y a tus hijos dentro de ti, y no te dejarán piedra sobre piedra; porque no reconociste la ocasión de la visita divina"».

La imagen potente de Jesús llorando sobre nosotros (simplemente acogerla y contemplarla), apenado por nuestro pecado. Un Señor que se compadece y al que le duele en las entrañas nuestro pecado.

- Descubrir lo que te puede traer paz y qué te la roba.
- Vislumbrar cómo el enemigo ataca tu vida, ¿cuáles son las dinámicas del mal que te descentran? Por pequeñas que sean, ponles el nombre correcto.
- Cuántas veces Dios nos visita y nuestro pecado nos impide reconocerlo, aceptarlo, acogerlo, abrirle la puerta...

Este día dedicado a la oración de la esperanza y la misericordia, puede terminar con el coloquio (*Ej* 61):

«Acabar con un coloquio de misericordia, razonando y dando gracias a Dios nuestro Señor, porque me ha dado vida hasta ahora, proponiendo enmienda con su gracia para adelante. Decir un padrenuestro».

TERCER DÍA

Apertura a la esperanza

Puntos de la mañana
Vocación, hombres y mujeres de esperanza

No le pide al rico una mina de oro, ni reclama del pobre un talento de plata; querría tan solo recibir un talento del pudiente, y del pobre indigente, aunque no sea más que un ochavo. Pero si se da el caso que el rico ha ofrecido algo pequeño, se lo permite, y acepta con alegría su regalo, si sabe que la ignorancia ha hecho su ofrenda con amor.

(San Efrén el Sirio)

El ejercitante que se ha sentido perdonado y amado, revitalizada su esperanza, es capaz de abrirse a la experiencia de la vocación. Ser mirado, elegido y llamado por Dios al seguimiento. No es posible que uno sienta el amor profundo de Dios y no se sienta contagiado de dar lo que ha recibido. La experiencia de la vocación es, sin duda, una experiencia de libertad y de alteridad. Toca en este momento de los Ejercicios ponerse a la escucha y dejarse llamar por el Señor a la vida cristiana. Esta vocación primera, de todo hijo de Dios, es a vivir con mirada esperanzadora. Así es formulado por el papa Francisco:

«Este entretejido de esperanza y paciencia muestra claramente cómo la vida cristiana es un camino, que también necesita momentos fuertes para alimentar y robustecer la esperanza, compañera insustituible que permite vislumbrar la meta: el encuentro con el Señor Jesús... No es casual que la peregrinación exprese un elemento fundamental de todo acontecimiento jubilar. Ponerse en camino es un gesto típico de quienes buscan el sentido de la vida. La peregrinación a pie favorece mucho el redescubrimiento del valor del silencio, del esfuerzo, de lo esencial»[1].

La petición que hoy nos acompaña, como mantra, pidiendo a Dios lo que quiero y deseo: *Señor, concédeme la gracia de sentir tu llamada y de regalarme la esperanza de ponerme en camino.* El ejercitante ha de apropiarse de ella y hacerla a su modo. Es una gracia especial, como la de tantos hombres y mujeres bíblicos que se sintieron llamados y mirados por el Señor, contagiados de una esperanza que les hizo lanzarse a los caminos.

Ofrecemos diversos caminos para la oración de este día. Con el mismo fin: vivirse en clave de vocación.

Un primer momento puede estar dedicado a orar un diálogo de gratitud con Cristo. Ponerse en su presencia para agradecer:

«En el dinamismo vocacional no es importante la conquista, sino el agradecimiento. El Evangelio cuenta la historia de diez leprosos que se acercaron a Jesús pidiendo ser curados, el Señor atendió su petición y mandó que se presentasen a los sacerdotes como prescribía la ley.

---

[1] *Spes non confundit,* 5.

Aquellos leprosos recibieron una gran gracia, pero solo uno, que además era samaritano, regresó para agradecérselo al Señor (Lc 17,11-19). La gracia lleva al agradecimiento. Es bueno que cada uno de nosotros demos gracias a Dios por la llamada que hemos recibido: a la vida, al amor, a la vida cristiana, a la vocación. La gratitud hace este mundo más humano. La vocación, vivida como gracia y desde el agradecimiento, es un faro luminoso para un mundo mercantilista, que promueve las conquistas y los logros, y no admite el fracaso y la fragilidad»[2].

¿Quién es ese Rey que llama? San Ignacio, en el libro de los *Ejercicios*, usa la parábola del Rey eterno para facilitarnos la oración sobre la vocación. En el imaginario ignaciano, la presencia de un rey que llama es una propuesta vital. Es decir, el mismo caballero de Loyola había vivido lo que suponía seguir a un señor y ponerse al servicio, acudir a la llamada de la batalla. Se había formado en la corte de los Reyes Católicos y era ducho en armas y en los elementos del servicio caballeresco. Acude en su propuesta a este imaginario para adentrar al ejercitante en la dinámica de la llamada: hay un Rey eterno que llama a su pueblo al seguimiento. Será fundamental en este día disponerse de cabeza y corazón. Darle a la voz del Rey sentido y conocimiento, como afecto y sentimiento. Será fundamental para poder responder que el sujeto orante haya escuchado la llamada, que la comprenda en el ser de su vida y que se afecte con gran deseo de caminar tras los pasos del Señor.

---

[2] CONFERENCIA EPISCOPAL ESPAÑOLA, *Documento final del Congreso de Vocaciones*, febrero 2025. *Online*: https://paraquiensoy.com

Se puede comenzar, por tanto, en este día orando con la figura de Jesús. ¿Quién es el Señor? En el Evangelio de Lucas, Jesús entra en la sinagoga y desenrollando el rollo comienza a leer la profecía de Isaías (Lc 4,14-21):

«El Espíritu del Señor está sobre mí,
porque él me ha ungido para que dé
la Buena Noticia a los pobres;
me ha enviado a anunciar la libertad a los cautivos
y la vista a los ciegos,
para poner en libertad a los oprimidos,
para proclamar el año de gracia del Señor».

Jesús se presenta a sí mismo como Señor que viene a traer una Buena Noticia. ¿Quién eres tú para mí? Meditar esta palabra de Jesús, para que podamos conocer a este Rey que nos llama. No poner expectativas falsas y excesivas, sino acudir a la realidad evangélica.

El Señor de mis sábados,
de mis espigas,
de mis leyes.
El Señor de mis caminos,
de mis padres, de mis pobres,
el Señor de mis amigos.
El Señor de mis dominios,
de mis eras,
de mis rentas y castillos.
Sé tú, el Señor de mis deseos,
de mi vida,
de mi sangre,
y sé tú Señor de mi destino.
Antonio Ordoñez, SJ

Un siguiente paso en esta oración sería reconocer en su presencia lo que Cristo ha hecho por mí. Cada uno de nosotros podemos sentir cómo el Señor nos ha ido tratando, lo que ha ido haciendo en nuestra vida. Su paso a través de nuestra historia de salvación es profundamente esperanzador. Así lo expresa el evangelio de Juan: «El ladrón solo viene para robar y matar y destruir; yo he venido para que tengan vida, y para que la tengan en abundancia» (Jn 10,10).

Del profundo agradecimiento nace el ofrecimiento. Es ahora el momento del *diálogo de ofrecimiento*. Lo que estoy dispuesto a hacer por él. Puede ayudar volver al Coloquio (*Ej* 53-54), para ponerse delante de la cruz de Jesús y volver a preguntarse, qué puedo hacer, qué he hecho y qué hago por él. Es claro que el Señor no pide aquello que no podemos dar, sino que pide lo que él mismo ha puesto en nosotros. Sentir hoy que a través de su gracia y nuestro ofrecimiento nos vamos haciendo hombres y mujeres esperanzados.

Oblación

Padre,
me pongo delante de ti
con todo lo que soy.
Tócame, ilumíname, guíame.
Quiero, deseo y es mi determinación
entregarme al servicio y alabanza de tu Reino
para hacerlo crecer.
Quiero asumir las consecuencias que me pueda traer.
Por eso te ofrezco
mi confusión, mi miedo, mi cansancio, mi dolor,
sabiendo que solo tú podrás transformarlos.
Aquí estoy,
confío en ti.

Pastoralsj.org

A lo largo de las Sagradas Escrituras podemos ir reconociendo a tantos personajes que han sido agraciados por Dios. Han recibido de manos de Dios dones y gracias particulares que les han permitido vivir su misión. Lo que pide Dios de nosotros es que confiemos en eso que es don y que es gratuidad. ¿Qué he recibido gratis? ¿Qué me siento llamado a dar?

«Recibir algo gratis resulta extraño e indicativo de estafa. En el caso de un regalo, suele haber algún contexto que lo justifique. Por eso cuesta asimilar que el amor de Dios sea un regalo incondicional. O, lo que es lo mismo: *Dios nos ama a cambio de nada.* Esta dificultad nos suele llegar a todos. A veces es nuestra mentalidad económico-social, ya que tendemos a aplicar una lógica mercantilista a nuestros planes. Dejamos de hacer algo cuando supone un elevado coste y lo hacemos cuando obtenemos un beneficio proporcional o mayor al esperado. Véase, por ejemplo, la parábola de los trabajadores de la viña (Mt 20,1-16). También nos entregamos a los demás según el protagonismo y cariño que vayamos a recibir. Te sugiero ver el programa *First Dates* o escuchar ciertos testimonios de voluntariado y contar las frases que empiezan por "yo, mí, me, conmigo". Otras, en cambio, comprendemos mal las creencias. Las principales religiones, a veces, y quizás también el mundo de la cultura ha profesado la idea de dioses castigadores, a los que había que obedecer y alabar para no provocar su ira. Pero, si lo contrario a la fe es el miedo y Dios quiere que seamos felices, ¿por qué creer que es fiscalizador y vengativo? Es cierto que él nos invita a seguir los valores del Evangelio y realizar los sacramentos. Pero lo hace con ternura, desde la libertad y para nuestro bien. Por eso resulta incoherente vivir nuestra fe con la continua tensión de no agradar suficiente a Dios. De vez en cuando deberíamos acallar las preguntas que nos avasallan, respirar hondo y abrir el corazón. Así podremos *dejar a un lado nuestras teorías y sentir el amor de Dios, que es tan gratuito como infinito*».

pastoralsj.org

Otra forma de orar en este día es a través de los relatos de vocación, acudir a ellos, para pedir la esperanza de ser llamados. Cada uno de ellos nos presenta una realidad vocacional, un icono bíblico, de un personaje que desde el encuentro con Dios se vive esperanzado en el cumplimiento de la fe. Puedes meditarlos, entrar en ellos, y preguntarle al Señor: ¿qué se ilumina de mi vida a través de estos relatos? ¿Qué me dice su Palabra a mi vida?

- La historia de Gedeón en Jueces 6: «si he alcanzado tu favor, dame una señal de que eres tú quien habla conmigo». Este pasaje del libro de Jueces narra un ciclo de opresión, súplica y liberación, destacando la complejidad del liderazgo de Gedeón: ante la desobediencia de Israel, en su desesperación, claman desde la cueva al Dios de la misericordia. Gedeón es enviado por Dios para recordar a los israelitas la liberación. Él muestra dudas y miedos, buscando repetidas señales de la presencia de Dios.

- La historia de Isaías en Is 6: «he visto con mis ojos al Rey y Señor». Se narra la visión que tuvo Isaías en la que fue llevado al trono de Dios y recibió la misión de predicar el arrepentimiento al pueblo. El mismo Isaías se sintió abrumado por su propia impureza, expiado de su pecado por el serafín, se ofreció a ir a su pueblo en nombre del Señor. Dios quería que Isaías hablara de tal manera que la gente escuchara que se requería de ellos un compromiso masivo. Isaías se sintió pequeñito, limitado, pero el encuentro con Dios lo transformó.

- La historia de Ezequiel en Ez 2: «penetró en mí el espíritu mientras estaba hablando y me levantó en pie, y oí al que me hablaba». Dios llama a Ezequiel a ser profeta de Israel y a llevarles su palabra. Ezequiel se siente agotado y no puede ponerse de pie por voluntad propia, pero un espíritu lo hace. El llamamiento de Ezequiel a comer el rollo simboliza que la palabra de Dios debía formar parte de su ser. La expresión «hijo de hombre» enfatiza la humanidad de Ezequiel y su pequeñez frente a la majestad de Dios. El mensaje de Dios a Ezequiel era de advertencia, reprobación, justicia, juicio, misericordia y amor.

Para terminar este tiempo de oración, ofrece al Señor la «oblación de mayor estima y momento» (bien el texto de *Ej* 98 bien tu propia oración de ofrecimiento al Señor):

«Eterno Señor de todas las cosas, yo hago mi oblación,
con vuestro favor y ayuda,
delante vuestra infinita bondad,
y delante vuestra Madre gloriosa,
y de todos los santos y santas de la corte celestial,
que yo quiero y deseo y es mi determinación deliberada,
solo que sea vuestro mayor servicio y alabanza,
de imitaros en pasar todas injurias y todo vituperio
y toda pobreza,

así actual como espiritual,
queriéndome vuestra santísima
majestad elegir y recibir en tal vida y estado».

Voz y presencia

Al atardecer
llega a mí
como suave brisa
como fuego alentador
tu Palabra.
Las olas del mar
y las corrientes
del agua
traen a mí tu Voz.
Estoy contigo, no temas.
Aquí estoy contigo, vive.
Al atardecer, juntos
contemplamos
la faena de ir
anunciando tu Presencia.

David Cabrera, SJ

Puntos de la tarde
El Verbo encarnado,
fuente de la esperanza cristiana

Tú, Señor, hiciste escribirlo: «Abre tu boca, que la lle-ne». Mira, abierta tienes la boca de tu siervo, a la vez que su mente. Llénala tú, Señor, con tu don, para que, según tu voluntad, pueda cantar tu alabanza.

(San Efrén el Sirio)

El siguiente paso en nuestros Ejercicios nos llevan a la centralidad de la petición que san Ignacio invita a repetir constantemente al ejercitante: «pedir lo que quiero: será aquí *pedir conocimiento interno del Señor que por mí se ha hecho hombre, para que más le ame y le siga*» (*Ej* 104). El deseo de la dinámica espiritual ignaciana es que el hombre que es llamado por Dios, pueda ahora conocer al Rey. Entrar, por tanto, en la dinámica de deseo de conocer internamente al Señor Jesús, para poder amarlo con mayor conocimiento y realidad afectiva, y del mismo modo, poder seguirlo con mayor verdad y honestidad. El despliegue de este dinamismo será la contemplación de los misterios de la vida de Cristo, comenzando por la encarnación.

Estas palabras de Darío Mollá, SJ, resumen a la perfección el sentido verdadero de la contemplación[3]:

«San Ignacio, que dedica una de las meditaciones más suyas y más elaboradas a la presentación del misterio de la encarnación nos da una clave que nos puede servir de punto de partida de nuestra reflexión. Primero afirma que la Santísima Trinidad al contemplar el mundo dice

---

3 Ver en: https://loyol.ink/ylxoy

"*hagamos redención del género humano*" (*Ej* 107) y después añade que esa redención se hace y se concreta "*obrando la santísima encarnación*" (*Ej* 108). La Trinidad podría haber llevado a cabo la redención del género humano de muchas maneras, pero escoge una en concreto: "*se determina en la su eternidad que la segunda persona se haga hombre para salvar el género humano*" (*Ej* 102).

Esto es lo sorprendente a ojos humanos y lo interpelante para nosotros: Dios ha querido llevar adelante su obra de salvación bajando, acercándose a nosotros, asumiendo la condición humana, con todos sus límites y todas sus debilidades, haciéndose igual a nosotros en todo menos en el pecado. Una propuesta y un modo de salvar que no tienen nada que ver con los proyectos "redentores" humanos, tan pensados siempre desde la superioridad, el dominio o la fuerza.

Asumir la condición humana, encarnarse, es asumir límites y asumir debilidades. Asumir límites: los límites del tiempo de los procesos humanos, los límites que nos exponen a las malas interpretaciones y a los rechazos, los límites del fracaso. Asumir debilidades: el sufrimiento físico o psíquico, el cansancio, la decepción, las tentaciones… De todo esto nos habla el Evangelio. Y asumir también el límite y debilidad definitivos que es la muerte que, además, en el caso de Jesús, es la muerte de un maldito fuera de la ciudad y en cruz. Así nos salvó Jesús: entregándose hasta el final. No en vano, y con fina intuición teológica, Ignacio de Loyola concluye la contemplación del nacimiento hablando de la cruz: la vida de Jesús es el camino que va del nacimiento en suma pobreza en Belén al morir en cruz en Jerusalén.

Colaborar en la obra redentora de Jesús es acercarse y entregarse. Hemos de renunciar a pretensiones de superioridad y de invulnerabilidad, a caminos triunfales de éxito y aplauso. Es esa cruz de cada día de la que habla el Evangelio: la cruz de amar gratuitamente, sin respuesta ni pago; la cruz del servicio que pasa desapercibido, sin presunción ni queja; la cruz de la abnegación, de no hacer de nosotros el centro de nuestra vida».

Somos invitados a meditar en este tiempo esta realidad de la esperanza bajo el prisma de la encarnación. *Anclados en la esperanza*: la esperanza, junto con la fe y la caridad, forman el tríptico de las «virtudes teologales», que expresan la esencia de la vida cristiana (cf. 1 Cor 13,13; 1 Tes 1,3). En su dinamismo inseparable, la esperanza es la que, por así decirlo, señala la orientación, indica la dirección y la finalidad de la existencia cristiana. Por eso el apóstol Pablo nos invita a «alegrarnos en la esperanza, a ser pacientes en la tribulación y perseverantes en la oración» (cf. Rom 12,12). Sí, necesitamos que «sobreabunde la esperanza» (cf. Rom 15,13) para testimoniar de manera creíble y atrayente la fe y el amor que llevamos en el corazón; para que la fe sea gozosa y la caridad entusiasta; para que cada uno sea capaz de dar, aunque sea una sonrisa, un gesto de amistad, una mirada fraterna, una escucha sincera, un servicio gratuito, sabiendo que, en el Espíritu de Jesús, esto puede convertirse en una semilla fecunda de esperanza para quien lo recibe. Pero ¿cuál es el fundamento de nuestra espera? Para comprenderlo es bueno que nos detengamos en las razones de nuestra esperanza (cf. 1 Pe 3,15).

Mirar el mundo como lo mira Dios: la encarnación (*Ej* 101-109)

- *Oración preparatoria*: Señor, que todo mi ser esté orientado a ti, a desear el encuentro contigo y a escucharte.
- *Composición de lugar*: Dios contemplando el mundo.
- *Petición*: A ti Señor, que te has hecho hombre por mí, quiero conocerte, para que conociéndote te ame, y amándote te siga.

1. Imaginar a Dios contemplando el mundo... ¿Cómo pienso que mira Dios la realidad? ¿Con admiración, ternura, comprensión, negatividad, dureza, posesividad, superficialidad...? ¿Cómo miro yo la realidad del mundo? ¿Me dejo tocar por la realidad de los que sufren?

2. Y Dios decide enviar a su Hijo: *hagamos redención*... Dios se complica la existencia, Dios se implica en nuestra vida...Puedo recordar momentos en los que he sentido que Dios se ha implicado en mi vida... El sí de Dios al mundo. ¿Pienso que puedo participar del «hacer redención»? ¿Puedo yo participar en el sí de Dios al mundo?

3. Ante el icono de la anunciación (contemplación): Lc 1,26-38

«El sexto mes envió Dios al ángel Gabriel a una ciudad de Galilea llamada Nazaret, a una virgen prometida a un hombre llamado José, de la familia de David; la virgen se llamaba María. Entró el ángel a donde estaba ella y le dijo:

–Alégrate, favorecida, el Señor está contigo. Al oírlo, ella se turbó y discurría qué clase de saludo era aquel. El ángel le dijo:

–No temas, María, que gozas del favor de Dios. Mira, concebirás y darás a luz un hijo, a quien llamarás Jesús. Será grande, llevará el título de Hijo del Altísimo; el Señor Dios le dará el trono de David, su padre, para que reine sobre la Casa de Jacob por siempre y su reinado no tenga fin. María respondió al ángel:

–¿Cómo sucederá eso si no convivo con un varón? El ángel le respondió:

–El Espíritu Santo vendrá sobre ti y el poder del Altísimo te hará sombra; por eso, el consagrado que nazca llevará el título de Hijo de Dios. Mira, también tu pariente Isabel ha concebido en su vejez, y la que se consideraba estéril está ya de seis meses. Pues nada es imposible para Dios. Respondió María:

–Aquí tienes a la esclava del Señor: que se cumpla en mí tu palabra.

El ángel la dejó y se fue».

La anunciación representa el punto de encuentro entre lo humano y lo divino, un momento en el que una joven de Nazaret se convierte en el cauce a través del cual Dios transforma el acontecer de la historia. Al contemplar este acontecimiento, somos invitados a imitar la fe, la humildad y la disposición de María, permitiendo que el designio divino se manifieste también en nuestras propias vidas. Su pregunta «¿Cómo podrá ser esto?», resuena en nuestras propias incertidumbres y desafíos, pero su respuesta final, «Hágase en mí según tu palabra», se funda como un modelo de entrega absoluta al amor y la voluntad de Dios.

El modo de orar que proponemos es la contemplación ignaciana que se basa en el uso de los sentidos ver, oír y mirar lo que hacen los personajes de la escena, creando ese escenario imaginario del misterio de la vida de Cristo para entrar en él, «como si presente me hallase»

- *Ver las personas*, unas y otras; y primero las que están en la tierra, tan diferentes, así en modos de ser como en costumbres: unos blancos y otros negros, unos en paz y otros en guerra, unos llorando y otros riendo, unos sanos, otros enfermos, unos naciendo y otros muriendo. Segundo, ver y considerar a las tres personas de la Trinidad, cómo miran la tierra y todas las gentes tan ciegas, y cómo mueren y descienden al infierno. Por último, ver a nuestra Señora y al ángel que la saluda, y reflectir para sacar provecho de lo que veo.
- *Oír lo que hablan* las personas en la tierra, es a saber, cómo hablan unos con otros, cómo critican y blasfeman, etc.; asimismo lo que dicen las personas divinas, es a saber: «Hagamos redención del género humano, etc.»; y después lo que hablan el ángel y nuestra Señora; y reflectir para sacar provecho de lo que veo.
- Después *mirar lo que hacen* las personas sobre la haz de la tierra, así como herir, matar, ir al infierno, etc.; asimismo lo que hacen las personas divinas, es a saber, obrando la encarnación, etc.; y asimismo lo que hacen el ángel y nuestra Señora, es a saber, el ángel haciendo su oficio de enviado, y nuestra Señora cumpliendo la voluntad de Dios para su vida, y después reflectir para sacar algún provecho.

Otro modo de orar la encarnación es poder aplicarlo a la realidad. Contemplar la encarnación en lo concreto de nuestro mundo. Para ello, proponemos:

- *Oración preparatoria*: Señor, que todo mi ser esté orientado a ti, a desear el encuentro contigo
- *La historia*: Mt 25,31-45. El juicio de las naciones.

«Cuando el Hijo del Hombre llegue con majestad, acompañado de todos sus ángeles, se sentará en su trono de gloria y ante él comparecerán todas las naciones. Él separará a unos de otros, como un pastor separa las ovejas de las cabras. Colocará a las ovejas a su derecha y a las cabras a su izquierda. Entonces el rey dirá a los de la derecha: "Venid, benditos de mi Padre, a heredar el reino preparado para vosotros desde la creación del mundo. Porque tuve hambre y me disteis de comer, tuve sed y me disteis de beber, era inmigrante y me acogisteis, estaba desnudo y me vestisteis, estaba enfermo y me visitasteis, estaba encarcelado y vinisteis a verme". Los justos le responderán: "Señor, ¿cuándo te vimos hambriento y te alimentamos, sediento y te dimos de beber, inmigrante y te recibimos, desnudo y te vestimos? ¿Cuándo te vimos enfermo o encarcelado y fuimos a visitarte?". El rey les contestará: "Os aseguro que lo que hayáis hecho a uno solo de estos mis hermanos menores, a mí me lo hicisteis". Después dirá a los de su izquierda: "Apartaos de mí, malditos, al fuego eterno preparado para el Diablo y sus ángeles. Porque tuve hambre y no me disteis de comer, tuve sed y no me disteis de beber, era inmigrante y no me acogisteis, estaba desnudo y no me vestisteis, estaba enfermo y encarcelado y no me visitasteis". Ellos replicarán: "Señor, ¿cuándo te vimos hambriento o sediento, inmigrante o desnudo, enfermo o encarcelado y no te socorrimos?". Él responderá: "Os aseguro que lo que no hicisteis a uno de estos más pequeños no me lo hicisteis a mí. Estos irán al castigo perpetuo y los justos a la vida eterna"».

- *Composición de lugar*: poner delante aquellos rostros, nombres, grupos de personas necesitados que nos muestran al Padre.
- *Petición*: conocimiento interno del Señor, que por mí se ha hecho hombre, para que conociéndole le ame, y amándole le siga (*Ej* 104).

Parar orar, ofrecemos estos pasos, donde puedes detenerte meditativamente.

1. *«Ante él comparecerán todas las naciones»*. El juicio de las naciones nos presenta a toda la humanidad delante de Dios, este Señor que nos ama y que se encarna por nosotros. Es el juez que nos salva.

   «Al final del camino me dirán:
   –¿Has vivido? ¿Has amado?
   Y yo, sin decir nada,
   abriré el corazón lleno de nombres».

   Pedro Casaldáliga

2. *«Hacer el bien sin distinciones»*. Si algo nos demuestra la encarnación es la bondad de Dios. Estamos llamados a imitar en nuestra vida esta bondad. Ahora bien, tenemos que comprender que es el Señor Jesús quien nos muestra que se identifica con todos aquellos que sufren. Es un Dios encarnado en el pequeño, en el que está al margen.

Himno de la Carta a los Filipenses 2,5-11

«Tened los mismos sentimientos de Cristo Jesús,
el cual, a pesar de su condición divina,
no hizo alarde de ser igual a Dios;
sino que se vació de sí
y tomó la condición de esclavo,
haciéndose semejante a los hombres.
Y mostrándose en figura humana se humilló,
se hizo obediente hasta la muerte,
una muerte en cruz.
Por eso Dios lo exaltó
y le concedió un nombre superior a todo nombre,
para que, ante el nombre de Jesús, toda rodilla
se doble,
en el cielo, la tierra y el abismo;
y toda lengua confiese para gloria de Dios Padre:
¡Jesucristo es Señor!».

3. *«Lo que mata es la inacción»*. Lo que condena y mata el espíritu de la encarnación es no hacer nada por los hermanos, es no responder al amor encarnatorio que contemplamos en Cristo. Los que van a ser juzgados se preguntan sorprendidos. El Señor les reprocha no haber hecho nada cuando han tenido la oportunidad. Es la misma lógica que la parábola de los talentos (Mt 25). ¿Qué tiene esto que ver en mi vida?

Terminar la oración haciendo un coloquio, pensando lo que debo hablar a las tres personas divinas (Dios Padre, Jesús o el Espíritu Santo) o a la Madre y Señora nuestra pidiendo según aquello que sienta, para más seguir e imitar al Señor nuestro, nuevamente encarnado.

Esperaré

Esperaré a que crezca el árbol
y me dé sombra.
Pero abonaré la espera con mis hojas secas.
Esperaré a que brote el manantial
y me dé agua.
Pero despejaré mi cauce
de memorias enlodadas.

Esperaré a que apunte
la aurora y me ilumine.
Pero sacudiré mi noche
de postraciones y sudarios.
Esperaré a que llegue
lo que no sé y me sorprenda.
Pero vaciaré mi casa de todo lo enquistado.

Y al abonar el árbol,
despejar el cauce,
sacudir la noche
y vaciar la casa,
la tierra y el lamento
se abrirán a la esperanza.

Benjamín González Buelta, SJ

Tres miradas, un solo Dios

Tu mirada de Padre,
atrae como Maestro
de una enseñanza dichosa (Mt 5)
que se regala en
amor,

bondad,
compasión,
gratuidad (Jn 3,16),
haciéndonos fuertes
como baluartes
que aguanten
la embestida
del desamor (Rom 8,32).

Tu mirada de Hijo
atrae como hermano y compañero,
que recorre todos
los caminos en
búsqueda de lo perdido (Jn 10),
sentándonos en
la mesa compartida (Mt 9,10)
donde los niños,
sencillos y humildes,
junto a mujeres,
enfermos y pobres,
son preferidos para
este Reino (Lc 14,13)

Tu mirada de Espíritu Santo
atrae como
alegría y esperanza,
en un mundo necesitado de
Buena Noticia (Mc 1).
Con su gracia
nos inunda en el
baño renovado de
nueva criatura (Tit 3,5).

No pone más carga
para servirle (Hch 15,28)
que la dinámica indispensable
de avanzar confiado
sabiendo que dónde está,
el Señor es libertad
para amar (2 Cor 3,17).

David Cabrera, SJ

Contemplaciones esperanzadas

Puntos de la mañana
Signos de esperanza en el mundo

Apoyaos en la Verdad, hermanos, y no temáis, que nuestro Señor no es débil, y no nos dejará en las pruebas. Él es el poder del que penden el mundo y sus habitantes. Y de él pende también la esperanza de su Iglesia. ¿Quién será capaz de cortar sus raíces celestes? ¡Bendito aquel cuyo poder ha bajado a mezclarse en sus Iglesias!

(San Efrén el Sirio)

Además de alcanzar la esperanza que nos da la gracia de Dios, también estamos llamados a redescubrirla en los *signos de los tiempos* que el Señor nos ofrece. Como afirma el Concilio Vaticano II, «es deber permanente de la Iglesia escrutar a fondo los signos de la época e interpretarlos a la luz del Evangelio, de forma que, acomodándose a cada generación, pueda la Iglesia responder a los perennes interrogantes de la humanidad sobre el sentido de la vida presente y de la vida futura y sobre la mutua relación de ambas»[1]. Por ello, es necesario poner atención a todo lo

---

[1] *Spes non confundit*, 7-9.

bueno que hay en el mundo, para no caer en la tentación de considerarnos superados por el mal y la violencia. En este sentido, los signos de los tiempos, que contienen el anhelo del corazón humano, necesitado de la presencia salvífica de Dios, requieren ser transformados en signos de esperanza.

En este día, se le propone al ejercitante que pueda orar sobre los signos que muestran elementos de la esperanza en el mundo. Es un ejercicio contemplativo que introduce en el deseo de ver y de oír, de sentir y gustar internamente la esperanza que ya se muestra, como es anunciada por el mismo Isaías: «algo nuevo está brotando, ¿no lo notáis?» (Is 43,19). Una oración que pueda sumergirnos en los signos del mundo, presentes para alentar en nosotros la esperanza cristiana. Iremos así transformando nuestra sensibilidad, evangelizándola, para poder estar en el mundo contagiados de este efecto esperanzador.

En esta oración mantenemos la petición que hacíamos: *conocimiento interno del Señor Jesús para más amarle y seguirle* (*Ej* 104). Seguimos con el deseo de conocer más a Cristo, ahora en su manifestación esperanzadora, para poder sentirnos más contagiados de su amor e invitados a seguirlo en la verdad de nuestra humanidad.

Orar signos de esperanza (en modo: contemplación)

1. Que el primer signo de esperanza se traduzca en *paz* para el mundo... Dejemos que esta experiencia nos recuerde que los que «trabajan por la paz» podrán ser «llamados hijos de Dios» (Mt 5,9).

   En efecto:

   «El que quiera amar la vida y gozar de días felices, que refrene su lengua de hablar el mal y sus labios de proferir engaños; que se aparte del mal y haga el bien; que busque la paz y la siga» (1 Pe 3,10-11).

«El Valedor, el Espíritu Santo que enviará el Padre en mi nombre, os lo enseñará todo y os recordará todo lo que [yo] os dije. La paz os dejo, os doy mi paz, y no como la da el mundo. No os turbéis ni os acobardéis» (Jn 14,26-27).

Te puede ayudar para la oración este texto que nos invita a hacernos *artesanos de la paz*[2]:

«El capítulo siete es uno de los capítulos más bellos de *Fratelli tutti*, la última encíclica del papa Francisco. En dicho apartado dedicado a los caminos de reconciliación el papa nos hace una muy atractiva invitación, vigente para todo tiempo, a ser "artesanos de la paz". Artesanos creativos, con ingenio y audacia, capaces de poner todo nuestro ser y quehacer en buscar caminos de unidad, reencuentro y de reconciliación. Un artesano suele ser una persona de fina sensibilidad, capaz de imaginar y proyectar la belleza desde la simplicidad y la sencillez. Un artesano tiene la gracia y el talento para transformar la realidad en una auténtica experiencia estética. Es capaz de encontrar hermosura hasta en las tonalidades más grises de la vida. Un artesano es, sobre todo, paciente para detenerse en los detalles. Tiene una mirada contemplativa y los sentidos bien despiertos para matizar, contrastar, pulir, detallar, limpiar, corregir y, muchas veces, rehacer sin desesperarse.

Las relaciones humanas no son perfectas, son frágiles. Por más buena disposición que tengamos, más de alguna vez surgen conflictos, diferencias y

---

[2]   Ver en: https://pastoralsj.org/artesanos-de-la-paz/

malentendidos entre nosotros. Frecuentemente a ese artesano se le rompe el hilo con el que tan delicada y sutilmente estaba intentando tejer una relación. Otras veces, simplemente se enredan los hilos y se hacen nudos muy difíciles de desenmarañar; la tentación, movida por nuestra desesperación y deseos de inmediatez, es cortar de tajo todo el hilo, pero no. El artesano es paciente para esperar inclusive años y desenredar para volver a empezar, una vez más, a hilar muy fino y con mayor cuidado. El artesano sabe muy bien que la paciencia es un ejercicio amargo, pero confía en que es un buen camino porque ya ha probado sus dulces frutos de paz.

En este itinerario de tejer relaciones, las rupturas son casi inevitables porque el conflicto suele estar a la orden del día, pero una tarea importante del artesano de la paz es soportar el conflicto, más por amor que por dolor; porque confía en que, aunque la aguja pinche nuestros dedos y duela, al final quedará una exquisita obra de arte capaz de comunicar verdad, bondad y belleza. La paz nunca ha sido la ausencia de conflictos sino la capacidad de encontrarnos y crear comunidad aún en medio de las diferencias. La paz no es sinónimo de hipocresía pacifista. Tampoco es hija de un detallado manual de buenos modales para soportarnos mutuamente porque no nos queda de otra. La paz es ante todo verdad, y la verdad muchas veces supone diferencias, convergencias y divergencias. Silencios. Distancias. Perdones. Reconciliaciones. Ser artesano de la paz es creer en la comunión y comprometerse en construir comunidad; una comunidad unida en la diversidad, sin confusión y sin división».

2. También esa mirada al futuro que equivale a una visión de la vida llena de entusiasmo para compartir con los demás. En muchas situaciones, la falta de esta perspectiva lleva a la pérdida del deseo de transmitir la vida, a causa de los ritmos frenéticos de la vida, de los temores ante el futuro, de la falta de garantías laborales y tutelas sociales adecuadas, de modelos sociales cuya agenda está dictada por la búsqueda de beneficios más que por el cuidado de las relaciones.

Las bodas de Caná (Jn 2,1-12). Esa capacidad de entusiasmarse en la fiesta, la mediación de María, la novedad como signo para disfrutar y alegrarnos, y, sobre todo, para salir de nosotros mismos.

> El banquete.
> La mesa está llena.
> Se sirven manjares exquisitos:
> la paz, el pan,
> la palabra
> de amor
> de acogida
> de justicia
> de perdón.
> Nadie queda fuera,
> que si no la fiesta no sería tal.
> Los comensales disfrutan
> del momento,
> y al dedicarse tiempo
> unos a otros,
> se reconocen,
> por vez primera, hermanos.

La alegría se canta,
los ojos se encuentran,
las barreras bajan,
las manos se estrechan,
la fe se celebra…
…y un Dios se desvive
al poner la mesa.
José María R. Olaizola, SJ

3. La comunidad cristiana, por tanto, no se puede quedar atrás en su apoyo a la necesidad de *una alianza social para la esperanza*, que sea inclusiva y no ideológica, y que trabaje por un porvenir que se caracterice por la sonrisa de muchos niños y niñas que vendrán a llenar las tantas cunas vacías que ya hay en numerosas partes del mundo.

Multiplicación de los panes y los peces (Mc 6,30-44). Es el signo de la abundancia compartida, solo juntando lo que somos y tenemos, bendecidos por el Señor podremos saciarnos y llenarnos de una esperanza que nos sigue invitando a ponernos en camino.

«Hay personas que se levantan cada mañana con la pregunta: ¿qué voy a poner de comer hoy? Eso, los que pueden permitirse comprar algo, pero ¿y los que no? ¿Qué pasa con los que, no es que no llenen la cesta de la compra, si no que no pueden llenar el estómago?

En mi barrio existe un comedor social que regentan unas religiosas y que da de comer diariamente a más de doscientas personas. Almuerzo y cena. Y todo aquello que puedan necesitar. Ni siquiera paró durante el confinamiento. Se equiparon de mamparas de plástico, mascarillas, guantes, trajes sanitarios… Cada quien que fue recogió su comida caliente, su bebida, su postre y la cena. Y mucho cariño en forma de palabras de ánimo, de preocupación, de interés, de consuelo. Llamando a cada uno por su nombre, conociendo de cada uno su dolor.

¿Y qué me dicen de las bolsas de alimento? Voluntarios que recogen comida en las puertas de supermercados y grandes superficies para poder atender a familias enteras que encuentran en ellos una llamita de esperanza que salve su jornada.

Y Cáritas, que está al tanto de las necesidades del barrio. A ti te pago la bombona de butano que te hace falta, a ti te arreglo los papeles de la Seguridad Social para que puedas cobrar el paro, a ti te ayudo en el alquiler, a ti te visito cada noche en tu rincón de la calle donde has hecho tu dormitorio, contra viento y marea, y calor, y gente que les ignora, les insulta y hasta les ataca.

Tantas, tantas personas que hacen de la entrega a los demás su vida entera. Y no porque toque atender esa situación (que ya veremos mañana a cuál acudiremos), sino porque hicieron suyo aquel mensaje de la multiplicación de los panes y los peces»[3].

4. Pero todos, en realidad, necesitamos recuperar la alegría de vivir, porque el ser humano, creado a imagen y semejanza de Dios (cf. Gn 1,26), no puede conformarse con sobrevivir o subsistir mediocremente, amoldándose al momento presente y dejándose satisfacer solamente por realidades materiales. Eso nos encierra en el individualismo y corroe la esperanza, generando una tristeza que se anida en el corazón, volviéndonos desagradables e intolerantes.

---

[3] Ver en: https://pastoralsj.org/que-comeremos-hoy/

La resurrección de Lázaro (Jn 11,32-45). El amigo es llenado de vida y de alegría, frente al dolor y la muerte (la no vida). El acontecimiento de un Señor capaz de devolvernos a la alegría de lo que tenemos más original, nuestro ser de Dios.

¿El amor como motor de la vida?
El amor es lo que mueve el mundo,
el amor es lo que enciende la vida,
el amor es lo que da sentido al día a día,
pero incomprensiblemente nos cuesta amar de verdad,
e incluso a veces el amor se apaga,
y el amor en lugar de iluminar, oscurece,
en lugar de dar seguridad, otorga miedos,
cuando tendría que fortalecer, nos hace débiles y
    desconfiados...
Entonces ¿qué hacemos?
¿Tenemos que vivir sin amor?
¿Podemos vivir sin amor?
¡¡¡NO!!!
¡¡Hay esperanza, mucha esperanza!!
¡¡Dios se hace hombre y resucita!!
Y con la resurrección el amor roto renace...
Con la resurrección el amor egoísta nos hace salir de
    nosotros mismos...
Con la resurrección las miradas desconfiadas se
    vuelven confiadas.
Con la resurrección podemos aprender a vivir desde
    Dios.
Con la resurrección el amor de verdad es capaz de
    mover nuestra vida,
porque Dios no nos sueña perfectos, nos sabe frágiles
    y limitados.

¡¡Y por eso resucita!!

¡¡Hay esperanza!!

La resurrección es confiar en que, si pedimos a Dios
con esperanza,

cualquier cosa puede resucitar en nuestra vida.

La resurrección es descubrir que la fe, puede tornar en
bueno lo negativo de la vida.

Porque ya nos dice Jesús en el Evangelio...

Pedid y se os dará, buscad y hallaréis, llamad y se os
abrirá,

porque el que pide recibe, el que busca encuentra, y al
que llama se le abre...

Solo hay que confiar en que Dios resucita y que su poder
puede resucitar cualquier cosa en nuestra vida.

¿Te atreves a que el amor sin límites resucite tus
limitaciones y ponga patas arriba tu vida?

Padre, haznos valientes y auméntanos la fe,

ayúdanos a confiar y pedir que

resucites en nosotros,

para que podamos ser testimonios de que vives[4].

Puedes terminar la oración de hoy haciendo el coloquio, este espacio, donde puedes conversar con el Señor
de aquellos signos que tocan el corazón para alentarlo con
la esperanza cristiana.

Coloquio: con el Amado de nuestra vida, pidiendo no
más signos que tener en nuestra vida los «ojos fijos en
él». Descubrir en nuestra realidad a Cristo como verdad,
camino y vida (Jn 14).

---

[4] Ver en: https://pastoralsj.org/amor-y-resurreccion/

Puntos de la tarde
«Lugares» de aprendizaje y de ejercicio
de la esperanza

A ti, Señor, presento mi fe con voz bien alta. Que solo la oración y la súplica pueden, en efecto, no solo ser concebidas en la mente, sino también ser dadas a luz sin necesidad de voz, en el silencio.

(San Efrén el Sirio)

Cuando nos adentramos en la enseñanza de Jesús en el Evangelio, vamos descubriendo cómo el Señor trata de educar a los que le siguen para enseñarles la Buena Noticia y para vivir anclados en ella. Por eso, para la oración de este día, se invita a visitar «lugares» que sirven para que cualquier discípulo que desee vivir enraizado en la esperanza cristiana pueda encontrar la sabiduría del Señor. En cada uno de ellos, hay un espacio interior que se abre a la gracia recibida de la fe. Como venimos haciendo, el modo de oración puede ser el contemplativo. Es una oración más afectiva y, por tanto, el aprendizaje no solo será de conocimiento, sino que transformará la sensibilidad.

Hoy podemos pedirle a Dios: *Señor que reciba de ti la gracia de aprender a ser criatura llena de esperanza.* No podemos dar por hecho que, de forma natural, se vive con la centralidad de la esperanza. Somos criaturas amadas y esperanzadas por pura gracia divina. Es el Señor que nos sale en los caminos de la vida para enseñarnos a vivir esperanzadamente. No perdamos la oportunidad de adentrarnos en esta experiencia.

Ofrecemos al ejercitante este camino de lugares: la oración, el sufrimiento y el juicio. Como se percibe no son lugares físicos sino lugares existenciales, de sentido. Cada uno de ellos irá acompañado de la Palabra del Evangelio, que puede ser orada, dejando que ilumine el corazón del ejercitante. También, nos valemos de las palabras de Benedicto XVI en su encíclica sobre la esperanza cristiana[5]. Es un modo de aprender a vivir desde la esperanza cristiana. Estos lugares son bendición para el cristiano, porque a través de ellos, puede encontrar salvación.

1. La oración como escuela de la esperanza

«De madrugada, cuando todavía estaba muy oscuro, Jesús se levantó, salió y se fue a un lugar solitario. Allí se puso a orar [...] vámonos de aquí a las aldeas vecinas, para predicar» (Mc 1,35-39).

«Cuando ya nadie me escucha, Dios todavía me escucha. Cuando ya no puedo hablar con ninguno, ni invocar a nadie, siempre puedo hablar con Dios. Si ya no hay nadie que pueda ayudarme –cuando se trata de una necesidad o de una expectativa que supera la capacidad humana de esperar–, él puede ayudarme. Si me veo relegado a la extrema soledad [...]; el que reza nunca está totalmente solo» (SS 32).

«Rezar no significa salir de la historia y retirarse en el rincón privado de la propia felicidad. El modo apropiado de orar es un proceso de purificación interior que nos hace capaces para Dios y, precisamente por eso, capaces también para los demás. En la oración, el hombre ha de

---

[5] BENEDICTO XVI, Carta encíclica, *Spe salvi*, Ver *online*: https:// loyol.ink/ckf7b. Citaremos cada uno de los párrafos con el número correspondiente a dicha encíclica.

aprender qué es lo que verdaderamente puede pedirle a Dios, lo que es digno de Dios» (SS 33).

La oración siempre es espacio para el encuentro con Dios que nos lanza a la vida. Me dejo contagiar contemplativamente de este Jesús que ora, para salir a los caminos vitales con las personas. ¿Qué efectos tienen en mí la oración?

2. El actuar y el sufrir como lugares de aprendizaje de la esperanza

«Llegaron unos llevando un paralítico entre cuatro, y como no lograban acercárselo, por el gentío, levantaron el techo encima de donde estaba Jesús» (Mc 2,1-12).

«Solo la gran esperanza-certeza de que, a pesar de todas las frustraciones, mi vida personal y la historia en su conjunto están custodiadas por el poder indestructible del Amor y que, gracias al cual, tienen para él sentido e importancia, solo una esperanza así puede en ese caso dar todavía ánimo para actuar y continuar. Ciertamente, no podemos construir el reino de Dios con nuestras fuerzas, lo que construimos es siempre reino del hombre con todos los límites propios de la naturaleza humana. El reino de Dios es un don, y precisamente por eso es grande y hermoso, y constituye la respuesta a la esperanza» (SS 35).

«Podemos tratar de limitar el sufrimiento, luchar contra él, pero no podemos suprimirlo. Precisamente cuando los hombres, intentando evitar toda dolencia, tratan de alejarse de todo lo que podría significar aflicción, cuando quieren ahorrarse la fatiga y el dolor de la verdad, del amor y del bien, caen en una vida vacía en la que quizás ya no existe el dolor, pero en la que la oscura sensación de la falta de sentido y de la soledad es mucho mayor aún. Lo que cura al hombre no es esquivar el sufrimiento y huir ante el dolor, sino la capacidad de aceptar la tribulación, madurar en ella y encontrar en ella un sentido mediante la unión con Cristo, que ha sufrido con amor infinito» (SS 37).

De qué manera vivo mi vida desde el actuar por mí, por los otros, por Dios. Descubrir y agradecer dinámicas de acción que me acercan a Dios y me llenan de esperanza. También, invitados a que el sufrimiento sea desde Cristo, ¿cómo vivo mis dolencias? ¿Soy capaz de ponerlas en su presencia?

3. El Juicio como lugar de aprendizaje y ejercicio de la esperanza

«Cuando llegue el Hijo del Hombre con majestad [...] separará a unos de otros, como un pastor separa las ovejas de las cabras [...] venid benditos de mi padre...» (Mt 25,31-46).

«La parte central del gran *Credo* de la Iglesia, que trata del misterio de Cristo desde su nacimiento eterno del Padre y el nacimiento temporal de la Virgen María, para seguir con la cruz y la resurrección y llegar hasta su retorno, se concluye con las palabras: "de nuevo vendrá con gloria para juzgar a vivos y muertos". Ya desde los primeros tiempos, la perspectiva del Juicio ha influido en los cristianos, también en su vida diaria, como criterio para ordenar la vida presente, como llamada a su conciencia y, al mismo tiempo, como esperanza en la justicia de Dios.

La fe en Cristo nunca ha mirado solo hacia atrás ni solo hacia arriba, sino siempre adelante, hacia la hora de la justicia que el Señor había preanunciado repetidamente. Este mirar hacia adelante ha dado la importancia que tiene el presente para el cristianismo» (SS 41).

«Un mundo sin Dios es un mundo sin esperanza (cf. Ef 2,12). Solo Dios puede crear justicia. Y la fe nos da esta certeza: él lo hace. La imagen del Juicio final no es en primer lugar una imagen terrorífica, sino una imagen de esperanza; quizás la imagen decisiva para nosotros de la esperanza. ¿Pero no es quizás también una imagen que da pavor? Yo diría: es una imagen que exige la responsabilidad. Una imagen, por lo tanto, de ese pavor al que se refiere san Hilario cuando dice que todo nuestro miedo está relacionado con el amor. Dios es justicia y crea justicia. Este es nuestro consuelo y nuestra esperanza. Pero en su justicia está también la gracia. Esto lo descubrimos dirigiendo la mirada hacia el Cristo crucificado y resucitado» (SS 44).

El Señor vendrá a juzgarnos desde el amor: ¿has amado? ¿Amas? ¿Cómo articulas en tu vida el amor que recibes de Dios? ¿Eres generoso, atento, explícito, sensible, pobre, cercano…? La vivencia del juicio no es el miedo y el terror de Dios, sino responder a una vocación primera de todo cristiano: amar a los demás desde el amor fundante de Dios.

Acabar el día con el *coloquio* a Jesús, deseando ser visitado con él en estos lugares de aprendizaje y enseñanza de cómo poder vivir la esperanza cristiana. Puedes conversar con el Señor aquello que ha tocado tu corazón y lo que se te ha regalado como luz, como emoción, como movimiento, para seguir en el camino cristiano.

Continuar el camino

**Puntos de la mañana
Caminar en clave de esperanza**

*Mira: fuego y Espíritu en el seno de tu madre; fuego y
Espíritu en el río en que te bautizabas; fuego y Espíritu en nuestra fuente bautismal; en el pan y en el cáliz,
fuego y Espíritu Santo.*

(San Efrén el Sirio)

El papa Francisco nos recordó que: «esta esperanza,
mucho más grande que las satisfacciones de cada día y
que las mejoras de las condiciones de vida, nos trans-
porta más allá de las pruebas y nos exhorta a caminar sin
perder de vista la grandeza de la meta a la que hemos
sido llamados, el cielo»[1]. Podemos acoger la invitación a
vivir nuestra vida cristiana como una peregrinación. Con
una mirada más amplia y un horizonte más profundo. No
con miradas cortas y pequeñas que nos sumergen en la
fragilidad de la desesperanza por no poder seguir avan-
zando o por cansarnos en el camino. El horizonte de la
esperanza siempre alienta nuestro espíritu a dar pasos

---

[1]   *Spes non confundit*, 25.

hacia el Reino y seguir alimentando aquello que fortalece nuestra fe. De otro modo, esto supone abrirnos a la experiencia de la consolación.

Llegando al final de estos Ejercicios, ofrecemos al ejercitante que pueda orar con el deseo de apertura al camino en clave de esperanza. Así puede comenzar este día acogiendo esta oración y haciéndola propia:

Caminaré

Caminaré siempre en tu presencia
por el camino de la vida.
Te entrego, Señor, mi vida, hazla fecunda.
Te entrego mi voluntad, hazla idéntica a la tuya.
Caminaré a pie descalzo,
con el único gozo
de saber que eres mi tesoro.

Toma mis manos, hazlas acogedoras.
Toma mi corazón, hazlo ardiente.
Toma mis pies, hazlos incansables.
Toma mis ojos, hazlos transparentes.
Toma mis horas grises, hazlas novedad.

Hazte compañero inseparable de mis caídas y tribulaciones
y enséñame a gozar en el camino
de las pequeñas cosas que me regalas,
sabiendo siempre ir más allá
sin quedarme en las cunetas de los caminos.

Toma mis cansancios, hazlos tuyos.
Toma mis veredas, hazlas tu camino.
Toma mis mentiras, hazlas verdad.

Toma mis muertes, hazlas vida.
Toma mi pobreza, hazla tu riqueza.
Toma mi obediencia, hazla tu gozo.
Toma mi nada, haz lo que quieras.
Toma mi familia, hazla tuya.
Toma mis pecados.
Toma mis faltas de amor,
mis eternas omisiones,
mis permanentes desilusiones, mis horas de amarguras.

Camina, Señor, conmigo;
acércate a mis pisadas.
Hazme nuevo en la donación,
alegría en la entrega,
gozo desbordante al dar la vida,
al gastarse en tu servicio.
Amén.

Pastoralsj.org

Es un día para pedir al Señor *reconocer lo que haces en mí, tu gracia, para seguir caminando* con esperanza. La importancia de recibir la gracia de apreciar y poner nombre a todo aquello que Dios hace en la vida. Somos agraciados no solo con su presencia, sino con lo que va haciendo de posibilidad en cada uno de nosotros. El regalo de Dios es ir transformando nuestra vida en Buena Noticia como lo fue la suya. Solo así podemos continuar nuestro camino. El peregrinaje al que se nos invita en estos Ejercicios es a ponernos en la búsqueda de nuestro sentido de vida más profundo: «Ponerse en camino es un gesto típico de quienes buscan el sentido de la vida»[2]. Pidamos poder

---

[2] *Spes non confundit, n. 5.*

seguir en este camino de sentido, donde la esperanza nos moviliza, la misma que sirvió a los discípulos de Jesús para acompañarle por los caminos de Galilea.

El episodio de la *Transfiguración del Señor* (Mc 9,2-13) es un es un hecho esencial en la vida de Jesús, un rasgarse el misterio para que podamos contemplarlo. Es un anticipo de la resurrección y de la vida que nos espera. Es el paso de la vieja manera de comprender el seguimiento a una nueva forma esperanzada de vivir el presente.

«Seis días más tarde tomó Jesús a Pedro, a Santiago y a Juan y se los llevó aparte a una montaña elevada. Delante de ellos se transfiguró: su ropa se volvió de una blancura resplandeciente, tan blanca como nadie en el mundo sería capaz de blanquearla. Se les aparecieron Elías y Moisés conversando con Jesús. Pedro tomó la palabra y dijo a Jesús:

–Maestro, ¡qué bien se está aquí! Vamos a armar tres tiendas: una para ti, otra para Moisés y otra para Elías –No sabía lo que decía, pues estaban llenos de miedo–. Entonces vino una nube que les hizo sombra, y salió de ella una voz:

–Este es mi Hijo querido. Escuchadle.

De pronto miraron en torno y no vieron más que a Jesús solo con ellos. Mientras bajaban de la montaña les encargó que no contaran a nadie lo que habían visto, hasta que aquel Hombre resucitara de la muerte. Ellos cumplieron aquel encargo, pero se preguntaban qué significaría resucitar de la muerte. Y le preguntaron:

–¿Por qué dicen los letrados que primero tiene que venir Elías? Él les respondió:

–Elías vendrá primero y restaurará todo. Pero ¿por qué está escrito que este Hombre ha de padecer mucho y ser despreciado? Yo os digo que Elías ya vino y lo trataron a su antojo, tal como está escrito sobre él».

Lo más importante de todo es el testimonio del Padre, que refrenda lo que dijo en el bautismo: «Este es mi Hijo querido, escuchadle». Es el Hijo, Jesús, en el que hay que creer y la enseñanza (su vida) la que hay que cumplir.

«De este episodio de la Transfiguración quisiera tomar dos elementos significativos –decía el papa Francisco–, que sintetizo en dos palabras: subida y descenso. Nosotros necesitamos ir a un lugar apartado, subir a la montaña en un espacio de silencio, para encontrarnos a nosotros mismos y percibir mejor la voz del Señor. Esto hacemos en la oración. Pero no podemos permanecer allí. El encuentro con Dios en la oración nos impulsa nuevamente a "bajar de la montaña" y volver a la parte baja, a la llanura, donde encontramos a tantos hermanos afligidos por fatigas, enfermedades, injusticias, ignorancias, pobreza material y espiritual. A estos hermanos nuestros que atraviesan dificultades, estamos llamados a llevar los frutos de la experiencia que hemos tenido con Dios, compartiendo la gracia recibida» (Papa Francisco, Ángelus, 16 de marzo de 2014).

Contemplar este misterio: *ver a los personajes, oír lo que dicen y mirar lo que hacen*. Ante lo que acontece nos podemos dejar invadir de la luz poderosa de Dios que nos abre caminos nuevos de esperanza y preguntarnos, ¿todo esto qué tiene que ver conmigo? Para no quedarnos encerrados en la fascinación, como les ocurrió a los discípulos, sino que acojamos la invitación de bajar a caminar en la vida desde la libertad y el encuentro con un Jesús transfigurado.

Ante el misterio también se puede: agradecer la luz recibida, el rostro de Cristo encontrado, que en él se pacifica mi alma, ser enviados a Galilea y bajar, siempre bajar al encuentro con los demás…

El cuerpo ante ti,
es un cirio quieto
en la noche
de la historia,
de las ideas,
de los proyectos, consumiendo
las horas
como cera.

El pensamiento está inmóvil como la llama afilada,
sin la más leve brisa
que altere
su perfil luminoso
y quieto.

El corazón, cristal naranja encendido con la lumbre remansada
de tantos encuentros infinitos.
Las pupilas, redondas
como la boca
de una tinaja vacía, se dilatan
en lo oscuro atisbando
tu presencia.

Solo se oye
el crepitar
del fuego,
y el aliento de la vida que llega

desde ti
frotando
levemente
el aire en que camina.
Y al verte
y acogerte,
se aviva la llama, iluminando
la noche, transparentando
la cera, transfigurando en luz las ausencias
y tinieblas.

Y toda la persona se va haciendo luz recibida brillando
      gratuita en tu templo, mundo oscuro
de injusticias,
de fugaces estrellas que deslumbran
un segundo,
de neón inquieto, impuesto
con astucia.

En la adoración
de cirio alerta,
para iluminar
tú nos haces luz
desde dentro,
sin necesidad
de llevar en las manos una brasa
prestada y pequeña.

Benjamín González Buelta, SJ

Hay otra posibilidad para poder orar en este día. El ejercitante puede realizar delante del Señor este ejercicio orante. La propuesta trata de apreciar como en los defectos y en las limitaciones de todo peregrino se puede colar

la gracia de Dios, a través de su amor revelado en la vida,
que inunda y abrasa el corazón.

La revelación

Me imagino estar en la presencia de Cristo
y me dejo invadir por esa presencia en silencio, porque
    esa presencia cura...
da vida ... alienta y anima...

Le pido ahora que me dé una lista lo más completa posible
de todos los defectos que encuentra en mí:
cualquier señal de egoísmo...
cualquier cosa en la que yo necesite cambiar...

Y mientras él me habla,
tomo nota mentalmente de lo que dice,
e incluso lo pongo por escrito,
si pienso que ello me va a ayudar.

Luego le pregunto cuál de esos defectos, en su opinión,
exige una atención más urgente.

Miro hacia dentro de mí
para ver si estoy decidido a mejorar ese defecto más
    grave...
Y, si no lo estoy,
entonces considero que me falta la voluntad para cambiar.

Luego, reviso lo que es más fundamental para el cambio:
Antes de dar un solo paso, es necesario que escuche
cómo Cristo me dirige estas palabras:

«Por lo que se refiere a mi amor por ti,
no importa que cambies o dejes de cambiar;
pues mi amor por ti es incondicional».

Compruebo ahora cómo me inunda el poder de Cristo...
e imagino sentirme fuerte allí donde antes sentía miedo...
tranquilo(a), allí donde antes estaba angustiado(a)...
con fuerza, allí donde me sentía muy débil...
Guardo silencio y le doy muchas gracias a Dios
por ese amor sin condiciones,
y le pido, de todo corazón,
que me ayude a cambiar todo lo que necesito
para poder vivir y poder ayudar a los demás para que
    vivan...!

(Adaptado de Anthony de Mello, SJ)

Puntos de la tarde
Examinar mi experiencia

Es justo que los hombres den gracias por tu divini-
dad. Es justo que los seres celestes adoren tu huma-
nidad. Los seres celestes están asombrados de ver lo
pequeño que te has hecho, y también los de la tierra
al ver cómo has sido exaltado.

(San Efrén el Sirio)

Llegamos al final de este itinerario para la vivencia más
honda y profunda de este peregrinaje de esperanza. Es bueno
terminar pudiendo examinar, para crecer en la conciencia,
de lo que ha ido pasando en nosotros. Es el momento de
agradecer desde el reconocimiento de lo vivido. *Re-cordar*
nos evoca a volver a pasar por el corazón. No es repetir

sin más, sino descubrir dónde el Señor se ha hecho más presente y cuáles son los movimientos interiores que nos pueden ayudar a vivir nuestra vida con más esperanza. En esta tarde podemos pedirle al Señor la gracia de *reconocer el encuentro con él, el beneficio recibido, para en todo amar y servir*, tal y como san Ignacio nos invita al final de los *Ejercicios* (*Ej* 233).

Para ello, ofrecemos la oración contemplativa del relato de Emaús. Hacer una relectura de los Ejercicios: caminando a Emaús (Lc 24,13-35).

«Aquel mismo día, dos de ellos iban a una aldea llamada Emaús, distante a unas dos leguas de Jerusalén. Iban comentando todo lo sucedido. Mientras conversaban y discutían, Jesús en persona los alcanzó y se puso a caminar con ellos. Pero ellos tenían los ojos incapacitados para reconocerlo. Él les preguntó:

—¿De qué vais conversando por el camino?

Ellos se detuvieron con semblante afligido, y uno de ellos, llamado Cleofás, le dijo:

—¿Eres tú el único forastero en Jerusalén, que desconoce lo que ha sucedido allí estos días? Jesús preguntó:

—¿Qué cosa?

Le contestaron:

—Lo de Jesús de Nazaret, que era un profeta poderoso en obras y palabras ante Dios y ante todo el pueblo. Los sumos sacerdotes y nuestros jefes lo entregaron para que lo condenaran a muerte, y lo crucificaron. ¡Nosotros esperábamos que él fuera el liberador de Israel!, pero ya hace tres días que sucedió todo esto. Es verdad que unas mujeres de nuestro grupo nos han alarmado; ellas fueron de madrugada al sepulcro, y al no encontrar el cadáver, volvieron diciendo que se les habían aparecido unos ángeles asegurándoles que él está vivo. También algunos de los nuestros fueron al sepulcro y encontraron todo como habían contado las mujeres; pero a él no lo vieron. Jesús les dijo:

—¡Qué necios y torpes para creer cuanto dijeron los profetas! ¿No tenía que padecer eso el Mesías para entrar en su gloria? Y comenzando por Moisés y siguiendo por todos los profetas, les explicó lo que en toda la Escritura se refería a él. Se acercaban a la aldea adonde se dirigían, y él fingió seguir adelante. Pero ellos le insistieron:

—Quédate con nosotros, que se hace tarde y el día va de caída.

Entró para quedarse con ellos; y, mientras estaba con ellos a la mesa, tomó el pan, lo bendijo, lo partió y se lo dio. Entonces se les abrieron los ojos y lo reconocieron. Pero él desapareció de su vista. Se dijeron uno al otro:

—¿No se abrasaba nuestro corazón mientras nos hablaba por el camino y nos explicaba la Escritura? Al punto se levantaron, volvieron a Jerusalén y encontraron a los Once con los demás compañeros, que decían:
—Realmente ha resucitado el Señor y se ha aparecido a Simón. Ellos por su parte contaron lo que les había sucedido en el camino y cómo lo habían reconocido al partir el pan».

Recuerda que la contemplación es un ejercicio de imaginación afectiva que implica ver a los personajes, oír lo que dicen y mirar qué hacen cada uno de ellos. Así mismo, preguntarse cómo esto puede iluminar la propia vida. Si ayuda, ofrecemos unos puntos que buscan ser instrumentos para la relectura de la experiencia de los Ejercicios.

a) *¿De dónde vienen, de dónde huyen?* Reconocer de dónde venían los discípulos, abandonan por la falta de fe y de esperanza en que el Señor vendrá… Hay siempre en nuestra vida fracasos, desolaciones y abandono. Traer a mi memoria el cómo venía, el cómo de mi vida…

b) *¿Cómo se hace presente Jesús?* El Señor Jesús nos sale al encuentro en el camino, nos llena de esperanza con su sola y única esperanza. Reconocer cómo el Señor se hace presente en mí y cómo se hace compañía en mis caminos… esos signos de esperanza y de luz que alegran porque no me siento solo ni abandonado.

c) *¿Cómo lo reconocen?* Los gestos de Jesús que son capaces de abrirnos el corazón, los ojos y la vida. Evocadores de esperanza y de consuelo. Las Escrituras, su vida, su Cuerpo y su Sangre, su compañía en medio de una comunidad que quiere seguirle.

Oficio de consolar

Dejas de limar maderas,
para tocar el corazón,
lijas ahora con mayor
paciencia y calor.
Con tu resurrección
abres y generas
aire y consolación.

David Cabrera, SJ

Releer estos Ejercicios a la luz de su presencia esperanzadora

¿Qué ha ocurrido en estos Ejercicios? Los discípulos de Emaús, al tener una honda y esperanzadora experiencia de la Resurrección, fueron a contar a los demás lo que les había ocurrido. Puedes conversar con el Señor Jesús a través de estas u otras preguntas para recoger cuál ha sido tu experiencia con él. Te pueden ayudar:

- ¿Por sus efectos en ti? ¿Se ha posibilitado interiormente con su presencia?
- ¿Por su consolación? ¿Te sientes con más fe, más esperanza y más caridad? (*Ej* 316)
- ¿Por llevarme más allá de mi propio amor, querer e interés?
- ¿Por devolverme esperanza en la comunidad, en la Iglesia?
- ¿Por enviarme a ser buena noticia para otros?
- ¿Por sentirme invitado a dejar atrás cargas pesadas, heridas, agobios?
- ¿Por qué estoy agradecido después de Ejercicios?

Al terminar estos Ejercicios, nos gustaría invitarte a que puedas recoger lo vivido en estos Ejercicios y darle forma de alguna manera. Para eso, puede ayudar formular una palabra o imagen, un deseo plasmado en una acción y una oración agradecida. Servirá para volver a lo largo de la vida a esta fuente de lo vivido, y así, volver a conectar con esa esperanza que alienta el seguimiento, que fortalece nuestra fe y nos anima a seguir en el camino de peregrinos en esta Iglesia.

Para este curso: cuidar la oración

David Cabrera, SJ, pastoralsj.org

Estoy impresionado. Hace poco alguien me decía que para poder conseguir una meta te tienes que preparar.

Evidente, ¿no? Por ejemplo, si quieres correr la maratón que hay en navidades en muchas ciudades, con mucho tiempo tienes que salir a correr cada día. Empezar con poquito, para, poco a poco, ir aumentando el ritmo. Esto cada vez está más de moda y más gente se pone a ello. Y yo me pregunto, *¿por qué nos cuesta tanto cuidar la oración cada día si queremos conseguir la meta de disfrutar lo de Dios?*

San Ignacio tiene una sugerencia en sus *Ejercicios espirituales* que me hace pensar mucho. Solo podemos seguir aquello que amamos. Y solo amamos lo que conocemos. Pues bien, no hay que dudar. Si queremos seguir a Jesús y dar un espacio importante en nuestra vida a la fe, hay que cuidar la oración. Es el mejor método que conozco para conocer y amar a Jesús, el de Nazaret. Estar un rato al día con él, dando espacio al silencio, al diálogo con la Palabra, a Dios.

Hay que cuidar los propósitos. No pueden ser muy elevados. Y mucho menos en esto de la oración. *Cuando hablamos de cuidar la oración, estamos tratando de poner en juego: deseos, atención, agilidad, amor...* en la ejecución del encuentro. No hay que complicarse la vida con grandes teorías sobre la oración. No es algo irrealizable y complejo. Es algo sencillo. Se trata de un encuentro, no como si uno se mirara a un espejo y solo viera su propio rostro. La oración es situarte delante de un amigo. ¿Y qué haces? Conversas comunicando tus cosas, lo de cada día, y como queriendo consejo en ellas, te dejas tocar por la Palabra que puede llegarte en una imagen, en un texto bíblico o en el simple silencio habitado por Dios.

No podemos desfallecer en esto. Tenemos que dar a la oración a lo largo del curso su propio espacio y su propio tiempo. Empezar poco a poco, para, cada vez más, ir alcanzando el encuentro con Dios que queremos. No hay que poner el acento en el mucho o poco. Sino en el disfrutar y alegrarnos con Dios en nuestra oración personal. ¡Ánimo, tú puedes!

Salmo de esperanza

A ti, Señor, levanto mis ojos
a ti que habitas en el cielo
y entre los hijos de los hombres.
Levanto mis ojos
de donde viene mi esperanza.
La esperanza me llega a borbotones de tu inmenso amor,
de que no te olvidas nunca de mí.
Muchos hombres ponen su esperanza
en que tengan suerte en el juego,
en que todo les salga bien,
en la solución de sus problemas.
Mi esperanza es pronunciar tu nombre.
Mi alegría se llama conocerte,
saber de tu bondad infinita,
más allá de donde alcanza mi razón.
Tú eres una puerta abierta,
una ventana llena de luz.
Cuando los hombres me miran,
me preguntan por qué sigo creyendo,
por qué tú sigues siendo mi esperanza,
me digo:
si te conocieran,
si supieran solo un poco de ti,
si ellos descubrieran lo que tú me has dado,

estoy seguro de que no dirían lo que dicen;
pues tú eres maravilloso,
acoges mis pies cansados.
Por eso, por todo y por siempre,
tú, Señor, eres mi esperanza.
Amén.

Pastoralsj

Introducción a las pláticas y al examen

Nos parece importante dotar a estos Ejercicios de algunas pláticas que sirvan al ejercitante a lo largo del itinerario para profundizar y ahondar, de forma orante, en la esperanza cristiana. La esperanza cristiana, como virtud teologal, tiene la capacidad de movilizar nuestra confianza, no solo en la salvación de Cristo, sino en las relaciones fraternas. Por ello, poder ahondar, como quien penetra en un manantial, en la esperanza enfocada desde Dios es para el hombre y la mujer de hoy un motivo para avanzar en la plenitud y en la felicidad.

Complementamos con estas charlas el contenido de estos Ejercicios, sirviendo así de ayuda para mantener el clima que permita «sentir y gustar internamente» (*Ej* 2).

Del mismo modo, queremos ofrecer un material para que el que dirija estos Ejercicios pueda ofrecerle al ejercitante terminar el día desde el examen ignaciano.

En la tradición ignaciana, el enfoque con el que se ejercita el alma tiene que ver con permitir a Dios, de alguna manera, ordenar nuestros afectos. Generar, en nuestra conciencia, un ego más libre de heridas y de esclavitudes, capacitándolo para ver el mundo desde la esencia del amor gratuito. Así nos lo recuerda Juan (1 Jn 4,18), en el amor no existe lugar para el temor. De ahí que nuestro proceso desde la esperanza cristiana tenga el efecto de aumentar en nosotros una confianza en el amor recibido y sentido, haciéndonos conscientes de él, para poder reafirmar nuestra vocación cristiana.

En este peregrinaje interior, hacernos conscientes de nuestra realidad, en sintonía con el proyecto de Dios, el Reino, es esencial. Por eso, ya desde el inicio de la experiencia ignaciana, la metodología del *examen* como ejercicio espiritual se convierte en una práctica de introspección que ayudará al ejercitante a este fin. No se trata de una confrontación ni de una evaluación perfeccionista llamada a ver si lo hemos hecho bien o mal, o, incluso, a puntuarnos sobre la realización de la oración. Nada más lejos de la realidad. Esta modalidad de oración es una búsqueda de consciencia. Es un modo de vida. Vivir más conectados, a mi realidad y a la de Dios. Dejar atrás juicios y conductas mecánicas, para vivir del amor encarnado de Dios.

Esta oración es conocida como el examen del día (*Ej* 43). Su intención no es otra que poner el día vivido a la luz del Espíritu, la vida en sintonía con Dios y su modo de hacerse presente. Hacernos conscientes, desde el agradecimiento, de las mociones y de nuestras faltas y pecados, de nuestro modo de vida cristiana. En la propuesta de Ignacio no debía ser una oración muy larga (en torno a 15 minutos), incluso tomando alguna nota en nuestro cuaderno espiritual. Cada uno debería elegir cuál es el mejor momento para hacerlo, pero nosotros proponemos hacerlo al final de la jornada de oración, de modo que se recoja conscientemente lo vivido.

No hay que olvidar que es un tiempo de oración y no un «anotar en nuestro diario». Queremos fomentar en nosotros el corazón de un cristiano que sea capaz de «discernir las mociones que en su ánima se causan» (*Ej* 313). Es un don del Señor que podemos pedir. Su luz para *sentir y conocer* lo que vivimos internamente. Esta conciencia nos permitirá discernir para tomar decisiones y elegir en nuestra vida. Acojamos, al final del día, lo que el Espíritu nos suscita.

Plática del día 1
La oración como fuente de esperanza

En la vida de la Iglesia, el cristiano está llamado a cuidar la vida de oración. Hay tiempos litúrgicos que de forma especial piden intensificar y ahondar en ella para, de algún modo, crecer más en relación con el Señor que transforma toda la vida del creyente. Así sucede también con los «tiempos de gracia» convocados por el papa como años jubilares, en los que estamos todos llamados a acrecentar nuestra relación con el Señor para crecer en consolación.

La tradición encuentra el origen más remoto de estos jubileos en la tradición hebraica del jubileo (*yobel*) como tiempo de perdón y reconciliación, y representa, a partir del año 1300, una ocasión especial para meditar sobre el gran don de la misericordia divina que siempre nos espera y sobre la importancia de la conversión interior, necesarios para poder vivir los dones espirituales otorgados a los peregrinos durante el Año Santo, renovando la relación que une a los bautizados, como hermanos y hermanas en Cristo, y con toda la humanidad en cuanto amada por Dios.

Como cristianos, estamos invitados a dar testimonio de auténticos «peregrinos de esperanza» que caminan hacia el Señor, que abre los brazos de su perdón, brazos de misericordia extendidos también hacia los hermanos que aún esperan que les sea llevado el anuncio del Evangelio. Así el papa Francisco nos anima: «Os pido intensificar la oración para prepararnos a vivir bien este acontecimiento de gracia y experimentar la fuerza de la esperanza de Dios. [...] Un año dedicado a redescubrir el grande valor y la absoluta necesidad de la oración en la vida personal, en la vida de la Iglesia y del mundo»[1].

Acogemos esta invitación para poder acercarnos a la oración como un medio que, llevado a cabo con perseverancia, no solo transforma la persona, sino también la comunidad que la rodea. La oración es el camino para entrar en contacto con la verdad más profunda de nosotros mismos, donde está presente la luz misma de Dios, como enseñaba san Agustín[2].

Cabe preguntarnos ahora cómo la oración puede ser un medio para prepararnos. Sin duda, podemos afirmar que la oración dispone el corazón del creyente para poder acoger la gracia del perdón y la misericordia de un Dios que sale a nuestro encuentro en el camino de la vida. Orar es siempre disposición del alma a recibir. Esa fue la experiencia de los discípulos en la Resurrección del Señor. El encuentro con él fue haciéndolos capaces de abrir el alma a la experiencia de la paz, el amor y la esperanza (cfr. Mc 16,9-15).

A la hora de abordar el tema de la oración, cabe subrayar que la oración está muy relacionada con la imagen de Dios que tenemos. Así como entienda y perciba a Dios, así también me relacionaré con él. Este aspecto es de especial consideración, pues a veces nos acercamos a la oración esperando obtener los beneficios que pido. Nos juega malas pasadas la imagen que podamos tener de un «Dios expendedor» más que de un Dios que es relación de amor.

---

[1] Papa Francisco, *Ángelus*, 21 de enero de 2024. *Online*: https://loyol.ink/mlfpf

[2] Dicasterio para la Evangelización, *Enséñanos a Orar. Vivir el Año de la Oración en preparación al Jubileo 2025*, nn. 6-7, www.evangelizatio.va

«¡La oración no es una varita mágica! –dice el papa–, no es una fórmula rígida que, si se repite correctamente, te da, como en un comercio, el producto solicitado; en la oración, es Dios quien nos debe convertir, no somos nosotros quien debe convertir a Dios»[3].

En las catequesis, dedicadas a la oración, que el papa Francisco ha impartido entre el 6 de mayo de 2020 y el 26 de junio de 2021, recuerda que la oración es un diálogo íntimo con el Creador, un diálogo que parte del corazón humano para alcanzar el «corazón» de Dios y su misericordia capaz de transformar nuestra vida.

¿No nos recuerda esto al número 15 de los *Ejercicios*?: «... el mismo Criador y Señor se comunique a la su ánima devota, abrazándola en su amor y alabanza y disponiéndola por la vía que mejor podrá servirle adelante [...] más estando en medio, como un peso, deje inmediate obrar al Criador con la criatura y a la criatura con su Criador y Señor».

Por tanto, la comunicación, el encuentro entre el Señor y su criatura, se realiza en la inmediatez de un abrazo amoroso que a su vez genera una inmediatez en el obrar entre ambos. La oración debería ser para el cristiano «el respiro de la vida espiritual», capaz de no interrumpirse nunca «ni siquiera cuando dormimos» –como afirma el papa–, y sin la cual faltaría el acto vital que nos pone en relación con el Padre[4].

Es un encuentro que, podríamos decir, no se da en igualdad de condiciones. Hemos afirmado que es comunicación

---

[3]   *Ibid.*, 12

[4]   PAPA FRANCISCO, Audiencia general, 9 de junio de 2021, ver *online*: https://loyol.ink/3f17v

y encuentro, pero es relación entre el Criador y la criatura como oramos con el Principio y Fundamento en los *Ejercicios espirituales* de san Ignacio [*Ej* 23]. Reconocemos a Dios como el origen de la vida, dador y cuidador de la misma, por eso lo reconocemos como Creador y Criador. Porque sigue habitando y recreando la vida y la historia.

La oración supone además intimidad entre Dios y cada ser humano que es único para él. Hay muchas expresiones que recogen esta experiencia de la conciencia como su morada sagrada (Rom 9,1) o la intimidad como lugar que habita Dios como señalaría san Agustín. Pero la puerta de entrada para esta intimidad es la fe y no el razonamiento. La oración presupone fe y también la alimenta. La oración supone un abandono confiado al Amor, un amor que conmueve y, a veces, remueve, regalándosenos la gracia del Espíritu Santo para recorrer los caminos que se nos vayan revelando como salvación y vida verdadera. Se nos pone en tesitura de hacer camino, de peregrinación como actitud interior para hacer camino de salvación, o como nos invitaba el papa Francisco con el Jubileo de la Esperanza. Santa Teresa o san Ignacio, entre otros referentes de nuestra tradición espiritual, nos acercan a esa concepción de la oración como dos seres en relación, que están y se comunican.

Santa Teresa expresa sobre la oración: «no es a mi parecer, sino tratar de amistad, estando muchas veces tratando a solas con quien sabemos nos ama».[5]

San Ignacio expresa también algo similar en sus *Ejercicios*: «El coloquio se hace propiamente hablando, así como un amigo habla a otro, o un siervo a su Señor» (*Ej* 54).

---

[5] SANTA TERESA DE JESÚS, *Libro de la vida*, 8.

Por eso la oración así entendida es esencialmente diferente a la meditación. Esta busca el silencio, la conciencia corporal, serenar la mente, etc. En cambio, la oración es algo bien diferente porque estamos hablando de un encuentro. No es mirarme, sino mirarlo y dejarme mirar por él. La oración no es un ejercicio de introspección y buceo en el yo profundo sino más bien una experiencia de comunicación en la que se trata de abandonar confiadamente el control del yo para que sea el Tú, con mayúscula, quien tenga la iniciativa en nuestra vida.

Esta diferenciación no excluye la práctica de la meditación, pues cada una tiene su finalidad y ambas pueden ser integradas en la experiencia de encuentro. Es más, desde prácticas como la *lectio divina*, o la repetición de versículos de la Palabra a modo de mantra como en las meditaciones orientales, la meditación ha supuesto una renovación de prácticas habituales y se ha ido configurando como una herramienta para orar.

En este tiempo de jubileo quedamos especialmente invitados a cultivar la oración como encuentro. «La oración es la primera fuerza de la esperanza. Tú rezas y la esperanza crece, avanza. Yo diría que la oración abre la puerta a la esperanza. La esperanza está ahí, pero con mi oración le abro la puerta»[6].

---

[6] PAPA FRANCISCO, Audiencia general, 20 de mayo de 2020, *online*: https://loyol.ink/cgipq

Plática día 2
Cuatro actitudes para orar en este tiempo de gracia

«La oración es la primera fuerza de la esperanza.
Tú rezas y la esperanza crece, avanza.
Yo diría que la oración abre la puerta a la esperanza.
La esperanza está ahí, pero con mi oración le abro
la puerta»[7].

La oración como puerta para la esperanza es una bonita metáfora para seguir ahondando en la práctica de la oración como un medio para ganar este tiempo de gracia. Además, para este momento personal donde cada uno se encuentra. Hay diferentes «puertas» por las que entrar en oración, diferentes modos que pueden posibilitar el encuentro con nuestro Dios. De esto Hablaremos en nuestra plática.

Ciertamente cuidar la disposición corporal, la respiración, el lugar, preparar la materia de oración o considerar «a dónde voy y a qué» (*Ej* 239), como diría Ignacio en sus *Ejercicios espirituales*, son elementos importantes que mimar para favorecer el encuentro en la parte que a nosotros nos toca[8]. Pero hay un aspecto que me parece relevante no pasar por alto y que somos invitados a considerar: igual que los discípulos, pedirle al Señor que nos enseñe a orar[9].

---

[7] PAPA FRANCISCO, Audiencia general, 20 de mayo de 2020. https://loyol.ink/cgipq

[8] Nos referimos aquí a lo que se conoce como «Adiciones» en la tradición de los Ejercicios, que son ayudas y herramientas para favorecer la oración y sacar provecho de ella.

[9] Dicasterio para la Evangelización, *Enséñanos a Orar. Vivir el Año de la Oración en preparación al Jubileo 2025*, n. 15ss. www.evangelizatio.va

Merece la pena rescatar algunas luces que esconde esta petición profunda que los discípulos le hacen al Maestro (cfr. Lc 11,1-13).

Decíamos que la oración supone encuentro en el que una de las partes es Dios y eso tiene sus consecuencias, pues no somos iguales a él, somos «imagen y semejanza» (Gn 1,26-27), pero no iguales. Los discípulos saben que *no son iguales* a Jesús. Él es su maestro por eso le reclaman la necesidad de una indicación práctica respecto al modo de orar. También sienten la necesidad de un guía que acompañe en las cosas más importantes de la vida. Cuando nos dejamos acompañar, guiar, orientar por Jesús, crece el vínculo, la amistad y la confianza, como expresa Juan en su Evangelio «Vosotros sois mis amigos, si hacéis lo que yo os mando» (Jn 15,12).

Sin duda, los discípulos son atraídos por el modo de orar de Jesús. Esta expresión de petición a Jesús, refleja, además, el anhelo de vivir un vínculo con Dios como el que tenía Jesús. Pedir y desear ese vínculo como el que tenía Jesús pasa por no dar por sentado que el encuentro con él depende solo de nosotros. La oración puede estar condicionada si no cuidamos algunos factores como hemos visto anteriormente, pero no podemos obviar que Dios es misterio y la iniciativa de la revelación es suya, por lo que a nosotros nos toca acogernos como creaturas y disponernos desde nuestro justo lugar de criatura, como invita Ignacio en el Principio y Fundamento (*Ej* 23).

Podríamos decir que esta expresión de los discípulos presupone que para orar se requiere todo un proceso de enseñanza-aprendizaje con un maestro que, además, les ha contagiado el deseo de oración por su testimonio de intimidad con Dios-*Abba*; y un discípulo con disposición para dejarse enseñar. Orar requiere disciplina y deseo sincero de encuentro con el Dios de Jesús.

Los *Ejercicios* ignacianos nos ofrecen en sí mismos toda una pedagogía de la oración: contemplación, meditación, repetición, aplicación de sentidos, coloquios, etc. Vamos a exponer aquí algunas actitudes cristianas que señalaba el papa Francisco en un documento sobre la oración que sirvió de marco para la preparación del Año Santo sobre la esperanza[10]. También, para ello, vamos a utilizar cuatro imágenes que servirán para crecer en el imaginario de la oración cristiana.

1) La primera imagen corresponde a *Liturgia de los ángeles. Boceto*, Mijail Vasilievich, 1899. Está en el ábside de la iglesia en nombre del príncipe Alexander Nevsky. Esta primera imagen nos ayuda a entender la *actitud de adoración* tan propia de los ángeles. Muchas veces vemos ángeles en los sagrarios o alrededor de los mismos adorando o custodiando, como bien expresa este precioso boceto. Los ángeles aparecen en la Escritura formando la corte de Dios ya que la gloria de Dios es ser conocido por sus criaturas[11]. Así lo podemos encontrar en el libro de Job (Job 2) o de Daniel (Dn 7). Los ángeles aparecen guardando, custodiando cuanto es de Dios y cuanto se refiere a él. Es una imagen preciosa: estar en su presencia reconociendo su divinidad y velando, custodiando al Señor. Para poder adorar hay

---

[10] *Ibid.*

[11] P. M. GALOPIN, P. GRELOT, C. VAGAGGINI, J. DANIELOU, J. LECLERCQ, M. ESTRADÉ, C. PUJOL, ISIDORO DE SEVILLA, *Los ángeles mensajeros de los designios divinos*, Cuadernos Phase 245, Barcelona 2018, 43.

que estar en su presencia y tener conciencia de que Dios
habita la realidad. La adoración es un acto de humildad
y reverencia frente a la grandeza de Dios. Somos invitados a reconocer que en la adoración está la soberanía
de Dios y nuestra total dependencia de él.

Liturgia de los Ángeles. Boceto, Mijail Vasilievich, 1899.
Ábside de la Iglesia en nombre del príncipe Alexander Nevsky.

Esta forma de oración nos abre a un más profundo
sentido de maravilla y estupor frente a la omnipo-
tencia y a la bondad de Dios, reforzando nuestra fe y
nuestra confianza en él. Se distingue por ser un acto de
reconocimiento de la majestad de Dios, no solo como
Creador sino también como Fuente viva de amor y de
misericordia infinita. En la adoración, el cristiano está
llamado a mostrarse a Dios con un corazón humilde,
reconociendo los propios límites frente a la inmensi-
dad divina. Este tipo de oración no requiere peticiones
o súplicas, sino que es una expresión pura del alma
que se dirige a Dios en gratitud y reverencia, frente
a Dios-Misterio en actitud de silencio y reverencia[12]

---

[12] Dicasterio para la Evangelización, *Enséñanos a Orar. Vivir
el Año de la Oración en preparación al Jubileo 2025,* n. 18. *Online*:
www.evangelizatio.va

como nos invita Ignacio en el Principio y Fundamento (*Ej* 23). Esto es: no enmendando la plana a Dios; reconociendo a Dios en todo y dejando a Dios ser Dios.

2) Seguimos iluminando nuestra reflexión con las actitudes de los ángeles. Esta vez nos vamos a servir del acrílico pintado por Kimberly McCormick. En esta imagen aparece un ángel en actitud de *alabanza y agradecimiento* que es la segunda actitud en la que queremos ahondar. Los ángeles dan gloria a Dios, alabando y bendiciendo. Uno de los pasajes bíblicos que más conocemos es el momento del anuncio del nacimiento de nuestro Señor a los pastores (Lc 1,13-14).

Alabanza del cielo y la tierra. Acrílico. Kimberly McCormick

La oración de alabanza y agradecimiento representa una expresión de alegría y gratitud hacia Dios por sus innumerables dones y bendiciones. En la alabanza, celebramos la grandeza, la belleza y la bondad de Dios, reconociendo su presencia viva y vivificante en nuestra vida y en el mundo que nos rodea. En el agradecimiento, respondemos con gratitud a las obras de Dios, desde las más chicas hasta las más grandes, conscientes de que todo bien recibido es un signo de su infinita bondad[13].

Esta actitud es bastante contracultural porque con frecuencia nos movemos en el parámetro de lo que creo que me merezco y no recibo. Alabar y agradecer significa tomar conciencia cotidiana de lo que voy recibiendo cada día, eso que me viene dado y que, en gran medida, no depende ni de mis capacidades ni de mis dones ni de mis continuos esfuerzos y empeños personales, No nos resulta tan fácil vivir desde el agradecimiento. La sociedad occidental, al menos, potencia continuamente la sensación de que todo depende de nuestra competencia y eficiencia personal, produciendo, como es normal, una enorme insatisfacción. La invitación, por tanto, es a vivir rescatando cada día lo recibido. El examen del día es un buen medio para ello.

3) La tercera de las actitudes de los ángeles que presentamos es la de *intercesión*. Los ángeles nos solo oran por nosotros, sino también junto a nosotros. El arcángel Rafael ofrecía las oraciones de Tobías (Tob 12,12);

---

[13] *Ibid.* n. 19

el ángel del Apocalipsis ofrece oraciones de todos los santos (Ap 8,3-4) y el mismo Jesús nos hace saber que los ángeles interceden por nosotros ante Dios (Mt 18,10). La imagen que utilizamos para esta actitud expresa de una manera preciosa cómo nosotros también estamos llamados a interceder unos por otros y cómo podemos dejar descansar nuestras necesidades en la oración de los demás. Esto nos vincula como verdaderos cristianos, familia de Dios en Iglesia universal.

Effetá, hoy él está, Peregrino-orado. www.iesucomunio.com

La oración de intercesión nos permite orar por las necesidades de los demás, mostrando solidaridad, comprensión y compasión. Es un acto de amor y solidaridad cristiana, que nos une a los demás y nos hace partícipes de sus sufrimientos y de sus esperanzas. La oración de intercesión es un fuerte instrumento de comunión, a través del cual podemos presentar delante de Dios las necesidades del mundo y las necesidades de nuestros hermanos y hermanas. Crea comunión trascendiendo los límites del espacio del tiempo, para compartir las alegrías y los sufrimientos de unos y de otros delante de Dios[14].

4) La última de las imágenes, y, por tanto, última actitud es la de *súplica*. La imagen es de Gukasyan Gayane, titulada *La oración*, reconocida pintura abstracta. La oración de súplica refleja nuestra vulnerabilidad humana y nuestra necesidad de ayuda; con este tipo de oración presentamos a Dios nuestras necesidades personales, nuestros deseos más profundos, y nuestras preocupaciones más urgentes. Somos animados a presentar nuestras peticiones a Dios con confianza y perseverancia, recordando que él está siempre dispuesto a escuchar nuestros corazones[15].

La oración. Pintura abstracta. Gukasyan Gayane

---

[14] *Ibid.*
[15] *Ibid.* n. 20.

Con este tipo de oración es importante considerar:

- Que Dios es misterio. La iniciativa proviene de él, Dios-Amor. Esto supone que el momento, el espacio y el modo viene de Dios. Dios nos da lo que necesitamos (no lo que queremos) y al modo que considera (no como consideramos nosotros) y en el momento que él estime oportuno. Es misterio, pero misterio cercano y que no solo acompaña la historia, sino las historias, las de cada persona habitando la realidad y la intimidad (Salmo 138-139; Lc 21,5-11).

- Que Dios sea misterio no es incompatible con el Dios amigo, recordando que él está siempre dispuesto a escuchar nuestros corazones: «nos pide constancia, nos pide ser determinados, y no tener vergüenza»[16] por eso podemos pedirle como nos recomendó Jesús (Mt 7,7).

- Más allá de lo que recibamos o no o de cómo lo recibamos, la súplica es una oración en la que se cultiva la íntima comunión con Dios Amor, implicado y comprometido con la humanidad (la general y la mía concreta) y considerando nuestra vulnerabilidad. A través de Dios misericordia y Dios Amor: crecemos en confianza en Dios encomendándole toda nuestra vida, nuestras preocupaciones, nuestras esperanzas y nuestros deseos.

---

[16] PAPA FRANCISCO, *Meditación matutina en la capilla de la Casa Santa Marta*, 11 de octubre de 2018.

Plática del día 3
Por tanto… la esperanza se cultiva

Esta última plática pretende ser una pequeña síntesis de las anteriores que nos ayude a disponernos para peregrinar en esperanza en nuestro retorno a Galilea, porque «quien tiene esperanza vive de otra manera, se le ha dado una vida nueva»[17]. Esta afirmación del papa Benedicto XVI cobra un mayor sentido para nosotros en este proceso espiritual en torno a la esperanza.

Algunas ideas-síntesis que nos ayuden a enfocar la esperanza cristiana antes de seguir adentrándonos en nuestra vida cotidiana:

* La esperanza cristiana se fundamenta en el plan de Dios para la humanidad como hemos orado con el Principio y Fundamento de los Ejercicios tantas veces (*Ej* 23).
* La esperanza no tiene que ver con una concepción edulcorada y *buenista* de la realidad. Es más bien el sentimiento reconfortante que experimentamos cuando recorremos con el ojo de la mente el camino que puede conducirnos a una situación mejor[18]. La confianza propia de la esperanza no habrá de ser ingenua, pero tampoco la mirada negativa y no posibilista habrá de ser la que gobierne. La esperanza no tiene certeza de que todo irá bien, sino confianza en que la realidad puede tener un sentido, aunque, por el camino, la crisis se va llevando a frágiles y no frágiles, envueltos por el gran

---

[17] BENEDICTO XVI, *Spe salvi*, n. 2. *Online*: https://loyol.ink/ckf7b
[18] https://loyol.ink/qahgd

misterio de la humanidad. Dulzura, confianza, respeto, esperanza, son elementos densos y sólidos de un reto humano ante la crisis, la adversidad y el desánimo. Contagiar esperanza es un desafío humanizador. La esperanza también se aprende. Influye en ello la voluntad de entrega a la causa de que se cumpla lo esperado, la voluntad por *co-crear*, así como la disposición al esfuerzo e incluso al sacrificio, por trabajar por aquello que se espera [19].

- Una cosa es ser optimista y otra muy diferente ser persona de esperanza, que es a lo que estamos llamados los cristianos. El optimista es superficial y cree que siempre va a ir bien. La persona esperanzada está dispuesta a implicarse y cree que ocurra lo que ocurra y como ocurra podrá ser vivido con sentido y tendrá un reporte positivo a la realidad, más allá de percibirlo antes o después o que se parezca mucho o poco a lo esperado inicialmente. Esto es lo que nos enseñó Jesús con su muerte en cruz y su resurrección y ahí está el reto de la verdadera esperanza: es más cuestión de sentido que de que acontezca lo que yo espero.

- La esperanza también es para los cristianos regalo, porque hay que pedirlo. Nos ayuda a vivir la fe y el seguimiento de Jesús; nos invita a vivir con capacidad de trascendencia, es decir, de ir más allá de lo inmediato y poder captar así lo que acontece en lo que pasa. El presente, aunque fatigoso, se

---

[19] José Carlos Bermejo, *La esperanza en tiempos de coronavirus*, Sal Terrae, Santander 2020.

puede vivir y aceptar, si lleva hacía un meta, si podemos estar seguros de esa meta, si esa meta es tan grande que justifique el esfuerzo del camino[20].

- Conviene no perder de vista que la desesperación y el pánico se contagian, pero la esperanza también, humanizando alrededor y cargando de sentido la vida.

- Cuando se nos ofrece la esperanza como punto de apoyo, como aquello en lo que descansar la vida y la realidad y no *porque toca*, sino porque a nosotros los cristianos la esperanza nos viene de un Dios que es Enmanuel, Dios con nosotros. Un Dios que ha decidido encarnarse, coger cuerpo para habitar nuestra realidad. Necesitamos la mirada de fe para rescatarlo, porque está. Nuestra esperanza está apoyada en un Dios que habita la realidad, nos acompaña y así hace historia de salvación con ella y con nosotros. Esa es la invitación, como expresa la Carta a los Hebreos: «… asiéndonos a la esperanza propuesta que nosotros tenemos como segura y sólida ancla de nuestra alma» (Heb 6,18-19).

- El apunte anterior nos da pie a recordar que la esperanza no solo aporta sentido a la propia vida, sino que, si Dios habita la realidad, la esperanza es para todos y puede abarcar a los demás. Tiene una dimensión no solo personal, sino también social. Cuando apostamos con esperanza por lo posible y lo testimoniamos con obras y palabras como nos invita la Primera carta de Pedro: «Estad siempre

---

[20] BENEDICTO XVI, *Spe salvi*, 1. https://loyol.ink/ckf7b

dispuestos a dar respuesta a todo el que os pida razón de vuestra esperanza. Pero hacedlo con dulzura y respeto» (1 Pe,3,15), estamos ya encarnando la esperanza y haciendo Reino de Dios que, como acuñó Cullmann, es un «ya sí pero todavía no»[21] marcado en gran medida por la libertad humana.

- Un último apunte, en la fe bíblica esperanza es una palabra central, hasta el punto de que en muchos pasajes las palabras fe y esperanza parecen intercambiables. Necesitamos no esperar paralizados a que pase la tormenta; necesitamos huir del «sálvese quien pueda» sin buscar el bien común; necesitamos ganar en consciencia de cuál es mi punto débil por el que se me cuela la desesperanza, la desolación, el miedo, la desconfianza y la parálisis. Todo ello es humano y legítimo, y necesitamos poder acogernos así, desesperanzados, desconfiados, decepcionados, pero solo como un paso del camino, no como meta en la que acomodarse. Por eso, en este tiempo de gracia, nos puede ayudar poner medios para salir de la desesperanza. Generar estrategias que apunten en dirección contraria a lo que nos roba la confianza. Como dice san Ignacio: «mudarse contra la misma desolación» (*Ej* 319).

San Pablo en una de sus cartas a los cristianos de Colosa los invitaba a poner la esperanza en las cosas de arriba (Col 3,2). Podría ser interesante hacer la reforma de vida (*Ej* 189) en clave de esperanza:

---

[21] O. Cullmann, *Cristo y el tiempo*, Cristiandad, Madrid 2008, 21.

¿Qué significado tendría para ti hoy esta expresión? ¿Qué serían hoy «las cosas de arriba» en las que apoyar la esperanza? ¿Qué invitación sientes que te pueda estar haciendo el Señor en este tiempo de Ejercicios? ¿Qué necesitas apoyar en él? ¿Qué crees que puede estar esperando el Señor de ti? Las cosas de arriba tienen que ver con las cosas de Dios, con las que nos ayudan a trascender e ir más allá de lo evidente, cargando de sentido la vida y la historia.

Primer examen

Enséñame, Señor, cómo llegar hasta ti.
Yo no puedo hacer otra cosa que desearlo...
Cómo llegar hasta ti, no lo sé. Inspírame tú, enséñame,
dime que necesito para este camino.
(San Agustín)

Me dispongo

En un lugar tranquilo y con una postura cómoda sereno mi cuerpo, mi mente y mi corazón. Tomo conciencia de que estoy en presencia del Señor y le pido: «Señor regálame encuentro».

Y deja que él te susurre: «ven conmigo a un lugar tranquilo a descansar» (Mc 6,31).

Si te ayuda a entrar en este momento de recogida del día, puedes escuchar el canto *Heme aquí* de Marco Frisina[22].

Doy gracias

Voy pasando por la cabeza y por el corazón no solo el día sino lo acontecido en él. ¿Cómo ha salido Dios hoy a tu encuentro? ¿Cómo lo has reconocido? ¿En quién, en qué?

Dale gracias a Dios por el bien recibido. Por ese bien evidente (consolaciones, fe, paz...), pero también por aquello que, no siendo agradable de entrada, te ha acercado más a Dios y a su amor (dificultad, lucha, alguna que otra contradicción...).

---

[22] https://loyol.ink/0pht6

Me rindo a darte gracias.
Hoy me rindo a darte las gracias.
Gracias por mostrarme que nuestro todo eres tú.
Tú sosteniéndonos en el sufrimiento
y llamándonos constantemente
a la reconciliación.
Tú sencillo y cotidiano
y no por ello menos entregado.
Siempre tú,
hasta los rincones más oscuros de mi propio engaño.
Gracias por entrar a avivar las brasas,
aun cuando estoy a puerta cerrada[23].

Fran Delgado, SJ

Pedir luz

Pide al Señor su mirada para poder recorrer con ella el día vivido y acogerlo como él mismo lo mira.

Pedir perdón

Recorre el día considerando también las faltas cometidas: ¿qué te ha separado hoy del Señor? ¿Qué te ha impedido acoger su amor, experimentarte como criatura?

Pide perdón al Señor de corazón por olvidar que eres criatura y criatura de sus manos, por cerrarte a su amor que crea y salva, que da vida.

---

[23] Tomado de https://pastoralsj.org/oracion/me-rindo-a-darte-gracias/

Juego de miradas

En tu mirada, Señor,
descubro mi distancia
de ti.

Posa sobre mí tu mirada, Señor,
para que la ternura
abra los rincones
de negación,
de ti.

David Cabrera, SJ

Y mañana...

Con la certeza de que Dios nos habita, de que siempre estamos en sus manos, de que nada nos separa de su amor, pídele la gracia de volver a empezar mañana en su nombre, con él.

Termina rezando el padrenuestro y despidiéndote de él como más te ayude, con la señal de la cruz, mirando el sagrario, a Cristo en la cruz, etc.

Oración final

Ilumina Señor nuestra noche.
Acoge todo lo acontecido en el día
y también todo lo que se ha movido en mi corazón.
Que descansemos en tu paz
y mañana nos levantemos alegres
deseando el encuentro contigo.
Por Jesucristo nuestro Señor. Amén.

Segundo examen

Mira que estoy a la puerta llamando.
Si alguien escucha mi
llamada y abre la puerta,
entraré en su casa y cenaremos juntos.
(Ap 3,20)

Me dispongo

En un lugar tranquilo y con una postura cómoda sereno mi cuerpo, mi mente y mi corazón. Tomo conciencia de que estoy en presencia del Señor y le pido: «Señor regálame encuentro».

Y deja que él te susurre: «ven conmigo a un lugar tranquilo a descansar» (Mc 6,31).

Si te ayuda a entrar en este momento de recogida del día, puedes escuchar el canto *Estoy a la puerta y llamo* de Jésed[24]

Doy gracias

Voy pasando por la cabeza y por el corazón no solo el día sino lo acontecido en él.

¿Qué ha robustecido hoy tu esperanza? ¿Qué te ha alentado en el peregrinar como seguidor/a de Jesús? ¿Qué he recibido?

Dale gracias a Dios por el bien recibido. Por ese bien evidente (consolaciones, fe, paz…) pero también por aquello que, no siendo agradable de entrada, te ha acercado más a Dios y a su amor (dificultad, lucha, alguna que otra contradicción…).

---

[24] https://loyol.ink/uhx3f

Pedir luz

Pide al Señor su mirada para poder recorrer con ella el día vivido y acogerlo como él mismo lo mira

Pedir perdón

Recorre el día considerando también las faltas cometidas: ¿qué te ha alejado hoy de poder acoger su llamada? ¿Qué resistencias, bloqueos, miedos se han apoderado de ti? ¿Qué te ha impedido acoger su Buena Noticia o su amor para conmigo?

Amo, señor, tus sendas

Amo Señor tus sendas,
y me es suave la carga
(la llevaron tus hombros)
que en mis hombros pusiste;
pero a veces encuentro
que la jornada es larga,
que el cielo ante mis ojos
de tinieblas se viste,
que el agua del camino
es amarga, es amarga,
que se enfría este ardiente corazón
que me diste;
y una sombría y honda desolación
me embarga,
y siento el alma triste
y hasta la muerte triste...
El espíritu es débil
y la carne cobarde,

lo mismo que el cansado labriego,
por la tarde,
de la dura fatiga quisiera reposar…
Mas entonces me miras…
y se llena de estrellas,
Señor, la oscura noche;
y detrás de tus huellas,
con la cruz que llevaste,
me es dulce caminar.

José Luis Blanco Vega, SJ

Y mañana…

Con la certeza de que Dios nos habita, de que siempre estamos en sus manos, de que nada nos separa de su amor, pídele la gracia de volver a empezar mañana en su nombre, con él.

Termina rezando el padrenuestro y despidiéndote de él como más te ayude, con la señal de la cruz, mirando el sagrario, a Cristo en la cruz, etc.

Oración final

Ilumina Señor nuestra noche.
Acoge todo lo acontecido en el día
y también todo lo que se ha movido en mi corazón.
Que descansemos en tu paz
y mañana nos levantemos alegres
deseando el encuentro contigo.
Por Jesucristo nuestro Señor. Amén.

Tercer examen

*Silencio, no es solamente
ausencia de ruido.
Es, sobre todo,
ausencia de ego[25].*

Me dispongo

En un lugar tranquilo, y con una postura cómoda sereno mi cuerpo, mi mente y mi corazón. Tomo conciencia de que estoy en presencia del Señor y le pido: «Señor regálame encuentro».

Y deja que él te susurre: «ven conmigo a un lugar tranquilo a descansar» (Mc 6,31)

Si te ayuda a entrar en este momento de recogida del día, puedes escuchar el canto de Ain Karem *Venid conmigo*[26]:

Doy gracias

Voy pasando por la cabeza y por el corazón no solo el día sino lo acontecido en él.

Dar gracias …. ¿Qué se te ha revelado hoy del Señor que te ha llevado a conocerlo más? ¿Qué gracia has recibido que te ha alentado? ¿Qué ha sido vida y sanación para ti hoy?

---

[25] Javier MELLONI, SJ, *Sed de Dios.*
[26] https://loyol.ink/vjzez

Recibirte

Te das Señor
en la mesa compartida
en los encuentros de vida,
en el abrazo,
la mirada y la batalla.

Tú, todo corazón.
Yo, pobreza y límite,
solo deseos de recibirte,
para ir haciéndome
contigo.

No te cansas de darte.
Yo intento recibirte
disponiendo manos, corazón y vida
donde lates, ahí te abres,
seguro y confiado
para hacer de mí,
haciéndote conmigo.

David Cabrera, SJ

Pedir luz

Pide al Señor su mirada para poder recorrer con ella el día vivido y acogerlo como él mismo lo mira

Pedir perdón

Recorre el día considerando también las faltas cometidas: ¿qué me ha quitado el deseo de seguir a Jesús, de contagiar la vida de Cristo al mundo? ¿Qué me ha apagado la alegría del seguimiento o el entusiasmo por acoger la novedad que hoy me trae el Señor? ¿He acogido la vida que hoy el Señor me regala?

Y mañana...

Con la certeza de que Dios nos habita, de que siempre estamos en sus manos, de que nada nos separa de su amor, pídele la gracia de volver a empezar mañana en su nombre, con él.

Termina rezando el padrenuestro y despidiéndote de él como más te ayude, con la señal de la cruz, mirando el sagrario, a Cristo en la cruz, etc.

Oración final

Ilumina Señor nuestra noche.
Acoge todo lo acontecido en el día
y también todo lo que se ha movido en mi corazón.
Que descansemos en tu paz
y mañana nos levantemos alegres
deseando el encuentro contigo.
Por Jesucristo nuestro Señor. Amén.

Cuarto examen

Música no aprendida (...)
Inspiración y gracia:
todo lo que hay en mí claro y perfecto
vino a mí sin esfuerzo, en la alegría
del sol de la mañana
Cuando yo estaba de rodillas[27].

Me dispongo

En un lugar tranquilo, y con una postura cómoda sereno mi cuerpo, mi mente y mi corazón. Tomo conciencia de que estoy en presencia del Señor y le pido: «Señor regálame encuentro».

Y deja que él te susurre: «ven conmigo a un lugar tranquilo a descansar» (Mc 6,31).

Si te ayuda a entrar en este momento de recogida del día, puedes escuchar el canto de Ain Karem *Solo en Dios*[28].

Doy gracias

Voy pasando por la cabeza y por el corazón no solo el día sino lo acontecido en él.

Dar gracias… ¿Qué ha sido hoy regalo del Amor de Dios, de su cercanía, de su ternura…? ¿Qué lo ha alentado? ¿A qué me ha movido?

---

[27] José María Pemán, *Inspiración y gracia en Luca de Tena*, 287.
[28] https://loyol.ink/xzdxs

Solo estar contigo

Solo estar contigo,
Dios siempre mayor,
Señor de todo y de todos.

Solo estar contigo,
con la certeza
de que estás,
de que me habitas,
de que habitas la realidad (…).

Solo estar contigo,
Dios Amor,
conocedor de lo que vivo.
Dios misericordia
que acaricia heridas y
acoge cansancios (…).

Solo estar contigo,
mirada entrañable
que rescata la verdad
de lo que soy.

Solo estar contigo
Dios salvador
que restaura
lenta, suave y tiernamente (…).

Solo estar contigo,
Adorándote con mi silencio,
con mi presencia,
y con toda mi vida
así como está.

Sara M.ª García, SAC

Pedir luz

Pide al Señor su mirada para poder recorrer con ella el día vivido y acogerlo como él mismo lo mira

Pedir perdón

Recorre el día considerando también las faltas cometidas: ¿qué me ha impedido ser cauce del Amor de Dios? ¿En qué no he amado con el amor con el que él me ama? ¿A quién debería haber amado más o de otra manera diferente a cómo lo he hecho?

Y mañana...

Con la certeza de que Dios nos habita, de que siempre estamos en sus manos, de que nada nos separa de su amor, pídele la gracia de volver a empezar mañana en su nombre, con él.

Termina rezando el padrenuestro y despidiéndote de él como más te ayude, con la señal de la cruz, mirando el sagrario, a Cristo en la cruz, etc.

Oración final

Ilumina Señor nuestra noche.
Acoge todo lo acontecido en el día
Y también todo lo que se ha movido en mi corazón.
Que descansemos en tu paz
y mañana nos levantemos alegres
deseando el encuentro contigo.
Por Jesucristo nuestro Señor. Amén.

AMDG